U0458376

国家出版基金项目

上海三联人文经典书库
109

苏美尔人

〔英〕伦纳德·伍雷 著

王献华 魏桢力 译

THE SUMERIANS

上海三联书店

总　序

陈　恒

　　自百余年前中国学术开始现代转型以来,我国人文社会科学研究历经几代学者不懈努力已取得了可观成就。学术翻译在其中功不可没,严复的开创之功自不必多说,民国时期译介的西方学术著作更大大促进了汉语学术的发展,有助于我国学人开眼看世界,知外域除坚船利器外尚有学问典章可资引进。20 世纪 80 年代以来,中国学术界又开始了一轮至今势头不衰的引介国外学术著作之浪潮,这对中国知识界学术思想的积累和发展乃至对中国社会进步所起到的推动作用,可谓有目共睹。新一轮西学东渐的同时,中国学者在某些领域也进行了开创性研究,出版了不少重要的论著,发表了不少有价值的论文。借此如株苗之嫁接,已生成糅合东西学术精义的果实。我们有充分的理由企盼着,既有着自身深厚的民族传统为根基、呈现出鲜明的本土问题意识,又吸纳了国际学术界多方面成果的学术研究,将会日益滋长繁荣起来。

　　值得注意的是,20 世纪 80 年代以降,西方学术界自身的转型也越来越改变了其传统的学术形态和研究方法,学术史、科学史、考古史、宗教史、性别史、哲学史、艺术史、人类学、语言学、社会学、民俗学等学科的研究日益繁荣。研究方法、手段、内容日新月异,这些领域的变化在很大程度上改变了整个人文社会科学的面貌,也极大地影响了近年来中国学术界的学术取向。不同学科的学者出于深化各自专业研究的需要,对其他学科知识的渴求也越来越迫切,以求能开阔视野,迸发出学术灵感、思想火花。近年来,我们与国外学术界的交往日渐增强,合格的学术翻译队伍也日益扩大,同时我们也深信,学术垃圾的泛滥只是当今学术生产面相之一隅,高质量、原创作的学术著作也在当今的学术中坚和默坐书斋的读书种子中不断产生。然囿于种种原因,人文社会科学各学科的发展并不平衡,学术出版方面也有畸轻畸重的情形(比如国内还鲜有把国人在海外获得博士学位的优秀论文系统地引介到学术界)。

有鉴于此,我们计划组织出版"上海三联人文经典书库",将从译介西学成果、推出原创精品、整理已有典籍三方面展开。译介西学成果拟从西方近现代经典(自文艺复兴以来,但以二战前后的西学著作为主)、西方古代经典(文艺复兴前的西方原典)两方面着手;原创精品取"汉语思想系列"为范畴,不断向学术界推出汉语世界精品力作;整理已有典籍则以民国时期的翻译著作为主。现阶段我们拟从历史、考古、宗教、哲学、艺术等领域着手,在上述三个方面对学术宝库进行挖掘,从而为人文社会科学的发展作出一些贡献,以求为21世纪中国的学术大厦添一砖一瓦。

目录

第一章　苏美尔的开端

　　"苏美尔与阿卡德之王"是公元前两千纪,两河流域(Mesopota-mian)国王们为了展示他们对整个两河地区统治权威而采用的固定称号。这片巨大的冲积平原范围包括从底格里斯河与幼发拉底河距离最近之地,即现代城市巴格达(Baghdad)起,到当时位于波斯湾(Gulf)顶端的库尔纳(Kurna)以南,分成两个部分;这两部分之间的分界线并不明晰,其界线随各敌对城邦占有人口数量多少、城邦势力此消彼长而不断变化,但大体上说,生活于其中的两个尖锐对立的地区,则因语言和种族不同而被区分开来:北部的阿卡德,绝大多数为闪米特人,南部的苏美尔,民族成分要混杂一些,但是这里的闪族文化因子已经被苏美尔文化融合了,苏美尔人用自己的语言和文明同化了他们,并以他们自己的名字为这块土地命名。

　　包括阿卡德和苏美尔在内的两河流域下游地区,是波斯湾水位退却后形成的三角洲地带,其水量曾经北至希特(Hit),而且这个三角洲是形成时间较短的年轻三角洲。早在波斯湾海水退却之前上游的幼发拉底河河谷及叙利亚荒漠高原便已有人定居:这里有大量旧石器时代的古迹,新石器时代在幼发拉底河谷同样也留下了史前人类的痕迹,如哈布尔(Khabur)和萨朱尔(Sajur)地区。而在美索不达米亚(Mesopotamia)平原本身并没有找到类似的遗迹:原始定居人类所使用的燧石器虽然的确存在,但通常都伴有金属材料,或显示出金属加工的痕迹,我们就此能得出的唯一结论是:这在人类历史上处于相对较晚的时期,即人类已经进入铜石并用时代,这时的下游河谷已经适于人类定居。

　　位于波斯(Persia)境内的现代城市穆哈美拉(Muhammerah),其旧址曾被波斯湾的水脉所覆盖,卡伦河(Karun)注入阿拉伯河

(Shatt al-Arab)。与之几乎正好相对的是巴丁旱谷（Wadi al-Batin），现在已经完全干枯了，但曾经是从阿拉伯半岛（Arabia）中心地带向北流淌的大河。卡伦河从波斯山地带来的泥沙量与幼发拉底河和底格里斯河共同携带的泥沙量相当，古老的巴丁溪，尽管更为平缓，但肯定也同样充满着泥沙；经过相当长的时间后，泥沙

3 最终被排入波斯湾，集中在河岸浅滩的河口之下，逐渐穿越海湾聚集在一起，在海岸与海岸间形成一块沙洲。这块沙洲缓冲了海湾潮汐的冲刷作用，使得底格里斯河与幼发拉底河的泥沙得以沉积于河口，之前这些泥沙不断被带入大海中。与此同时，南部河流的泥沙开始注入已变成一个巨大环礁湖的地方，所有的水流在此汇合，逐渐将其由咸水转变成淡盐水，最后转变为淡水。北方两条水脉所裹挟的泥沙，并没有汇入三角洲，它们在河口位置沉积下来，其水流被沙洲所阻挡，从而垫高了整片旧波斯湾海域的河床。因此，尽管陆地最初在北部和南部迅速形成，中间的环礁湖则变得越来越窄，岛屿开始出现，最后全部水域都变成了无水的荒地，形成一个巨大的三角洲地带，充满着泥土、沙子和淤泥，点缀着沼泽和芦苇荡，其间支离破碎的河流冲刷着河岸，永久地改变着它们的河道：这里成为了一个洪水定期泛滥的三角洲，尽管夏季被烈日炙烤，但它的土壤松软而无石，与地球上遍地可寻的肥沃土壤一样，几乎可以不耕而获。创世纪（Genesis）中对地球被创造为人类家园

4 的描述与美索不达米亚三角洲的形成过程高度一致："让天底下的水汇集一处，让陆地显露：如此这般……大地生长出青草和结种子的蔬菜，各从其类；又长出结果子的树木，各从其类，果子都包着核。神看这是好的。"

　　陆地的形成方式是解释在此的居民独特性的重要原因。富饶的土地潜在地吸引着居民的迁入，并且这是必然的，只是居民们不会同时到来，而是随环境改变而逐渐迁入，而且他们是从远古海湾的各个海岸而来，并不来自同一地区。

　　叙利亚沙漠的北部及幼发拉底河上游被说闪族语的民族所占据，他们第一次登上历史舞台，是我们所知的马尔图人（Martu），以及稍晚一点的阿穆鲁人（Amurru）。幼发拉底河口形成的三角洲北部，这片新大陆被邻近的民族开发定居是再自然不过的。这些民

族追随退水后的水域，在新形成的冲积平原上耕作：在陆地狭窄
地带的隘口两侧，他们占领了西帕尔（Sippar）和俄庇斯（Opis），幼
发拉底河与底格里斯河距离最近之处，因此获得了三角洲北部即
阿卡德的所有权。在他们的北部和东部，扎格罗斯山之中，穿过平
原至底格里斯河一带，居住着一个非常特别的族群：金发，操着高
加索（Caucasian）口音，近似于后来在苏美尔历史上扮演过重要角
色的山民古提人（Guti）；他们似乎已经搬迁至底格里斯河河谷，但
他们的继续南迁由于马尔图人占据着隘口而受阻，所以没能进入
新的三角洲地带而继续留在阿卡德附近地区，即后来的亚述
（Assyria）。

　　分布在阿拉伯高原中部的族群是现代贝都因人（Beduin）的祖
先，这些游牧民利用逐渐干涸的低地三角洲的先天优势逐渐改变
生活方式，独立的小家庭和宗族部落纷纷从荒漠高地顺流而下进
入沼泽地带，在可从事农业生产的小岛上定居。因此伴随着他们
进入苏美尔地区的，是和阿卡德闪族人不同的闪米特文化元素；除
了语言上的相似性之外（即使如此方言差异也非常明显），他们几
乎没有相似之处，更没有达到相同的文明程度。阿卡德移民，来自
于相对文明开化的故乡，他们并不需要与之失去联系，更有组织和
有能力进行共同活动，所以城市生活在一开始就是可能的。而南
部闪米特人对城市生活比较陌生，由于沼泽地形使得他们的居住
点较分散，族群特性和自然环境共同阻碍了社会统一体的形成，同
时让他们得以与更先进的族群相抗衡。

　　所有移民中迁入最晚的是苏美尔人。他们是一个黑发的种
族——"黔首"，文献里如此记载——民族语言是一种有点类似于古
土耳其语（Turkish）（突雷尼语［Turanian]）的黏着语，这种相似性
只是就构词法而言，而不是语源学上的。从体型上来看，他们属于
印欧（Indo-European）人种，外表上与现代的阿拉伯（Arab）①人没什

5

6

————————
①　"两河流域的人种，从古至今，呈现为一种伊朗人（Iranian）和闪米特人之间的中
　　间型，但比较而言他们保留了更多伊朗人的特征……至于欧贝德人（al-'Ubaid）
　　则是无庸置疑的；如果他们活到现在我们就应该叫他们阿拉伯人……目前没有
　　任何……痕迹证明（具有）赫梯人（Hittite）和蒙古人（Mongolian）圆头骨的特
　　征……南部的美索不达米亚人在最初的公元前四千纪有着大而狭长的（转下页）

7 么不同,并且他们肯定是高度智慧化的。他们最初的家园在哪里,祖籍何处并不为我们所知。苏美尔人的神祇经常呈现出站立在山顶之上的形象,意味着苏美尔人是来自山区;他们最早的建筑风格以传统的木质结构为基础指向同一结论,因为这种情况只能发生在盛产木材的山地;创世纪中的描述,"这些子民从东部而来,进入希纳尔(Shinar)平原并在此定居"指的就是苏美尔人,这种关于苏美尔人迁徙的描述中必定融入了一些关于苏美尔人的传说故事;但认为他们起源于河谷三角洲东部的埃兰(Elamite)山地的论断,并不能解决问题,因为尽管两河流域与埃兰在早期文化中有一些共同因素,但将苏美尔视为埃兰所派生出来的文明缺乏合理性,更

8 不用说体型所反映出的不同种族特性了:苏美尔传说对两河流域文明的发端的解释似乎暗示了海上民族的涌入,这些海上民族只可能是苏美尔人自己。事实上苏美尔人在历史上处于整个国土的南部区域,埃利都(Eridu),即他们所谓的这片土地上最古老的城市,便是在所有城市的最南端,这个事实支撑了以上的猜想。阿瑟·基思(Sir Arthur Keith)指出:

"人们仍然可以向东从阿富汗(Afghanistan)和俾路支(Baluchistan)的居民之间寻找古苏美尔人的痕迹,直到印度河谷(Valley of the Indus)——距离两河流域 1500 英里的地区。"[①]近来在印度河谷的发掘展示出大量极为发达的早期文明遗存,其中有很大一部分与苏美尔文明有共同之处;印度与苏美尔平面方印在形态、主题、雕刻风格上相同,上面所书写的铭文也极为相似。在赤陶造像上,建筑施工的方法上以及平面设计上的相似之处也同样突出。如

(接上页)头部;他们与高加索人或欧洲人(European)是近亲关系,在有新的确凿证据之前,我们可以将西南亚视为他们的发源地。他们接近于福克博士(Dr. Foquet)所描述的前王朝时期的埃及人(Egyptian),但与其他所有前王朝及王朝时期的埃及人均不同。新石器所谓的英国长冢人(long barrows)同样和他们有关——可能是远亲;苏美尔类型在旧石器时代便已经出现在欧洲,因为一具最早的奥瑞纳头骨——出土于法国多尔多涅(Dordogne)的库姆卡佩尔(Combe Capelle),与古阿拉伯人极其相似。"见 Sir Arthur Keith, *Al-'Ubaid*, pp. 216, 240。

① *Al-'Ubaid*, p. 216.

果说这些相似之处能证明苏美尔人与印度人种族相同甚至处于共同的政治统一体之中，那就是对证据的过分解读了；但如果单纯地解释为贸易联系，就我个人看来，则未免草率地低估了二者的关联度：至少目前看来，将这二者视为有共同源头的两个文明分支是最保险的。这个源头可能位于印度河与幼发拉底河之间的某处，尽管文化中心到底是从哪辐射开来，是否就在俾路支山区，又或者是其他某处，我们不得而知。

9

还有另一个使得上述问题更为复杂的因素。两河流域南部最古老的地层中出土了一种绘制精美的陶器，但在我们所知的历史时期开始之前就彻底消失了，也就是说，其消失时间早于公元前3500年左右最早的乌尔墓葬。这些陶器是手工制作的，更罕见的是，它们是由低速运转的转盘即土尔奈提（tournette）制成。蟹青色、浅黄色和红色土陶制成的城墙，有时极为单薄，饰有一种装饰物，由涂有半光泽棕色或黑色材料的简单几何图形堆积起来。在这些陶器以及苏萨（Susa）的最低地层，埃兰的穆斯延（Musyan）以及波斯湾的布什尔（Bushire），我们发现了相似点，这无疑意味着它们之间有着必然联系。有些学者甚至就此认为他们有亲密的血缘关系，事实上仍然有很多不同点可以证明亲密的血缘关系是不成立的。两河流域的陶器在时间上早于埃兰，且属于相当早的发展阶段，因此绝不可能来自于埃兰；因此也不能提供证据证明苏美尔起源于埃兰。此外，我们甚至不能确定两河流域的陶器到底是不是苏美尔的：坎贝尔·汤普森（Campbell Thompson）是第一个关注埃利都的这种陶器的学者，他就认为这属于前苏美尔时期，而且该论断很可能是正确的。在基什（Kish）附近一个名为捷姆迭特·那色（Jemdet Nasr）的地方，出土的彩陶与南部苏美尔遗址迥异，年代要晚一些，造型风格接近于埃兰穆斯延的陶器，研究者发现这些彩陶与早期刻有半象形文字的泥板有紧密联系，但这只能证明基什彩陶在苏美尔文化时期仍存在，并不能说明其起源问题。这些早期彩陶与两河流域南部出土的彩陶既有相似之处，又有不同之处，由于它们出现在更往北的地区，西至卡尔凯美什（Carchemish），当时这里并不存在任何的苏美尔人，因此这种彩陶起源于苏美尔的可能被弱化，而苏美尔人源自埃兰的可能性则消失了。那么谁才

10

乌尔纳姆石板，费城宾夕法尼亚大学博物馆
（国王为南纳和宁伽尔献酒，接受建造乌尔庙塔的神谕，下方为
国王乌尔纳姆手持工匠的工具在铺建塔基）

舒卜阿德王后的头饰,费城宾夕法尼亚大学博物馆
(这尊头像是凯瑟琳·伍雷依照当时一具女性头骨尽可能精确复原的模型,
假发尺寸参照发饰上的金丝带,编发造型是基于晚期陶俑复原的。所有头
饰、花环等细节都是依照原样再现)

前苏美尔遗址欧贝德出土的彩陶，F. G. 牛顿画
（图片取自史密斯的*"Early History of Assyria"*，经 Chatto & Windus
出版社许可）

欧贝德遗址中的神庙饰带，巴格达，伊拉克博物馆，曼瑟尔拍摄
（右图和页岩上的马赛克图，图中神庙仆人们正在牛棚里挤牛奶，密封和储藏牛奶，约公元前 3100 年）

9

舒卜阿德王后的竖琴（复原版），大英博物馆

基什王宫的贝壳镶嵌板，艺术风格属于苏美尔式，但画中人物形象可能反映的是阿卡德人，巴格达，伊拉克博物馆
（取自兰登的"*Excavation at Kish*"第一卷，已获许可使用）

公元前四千纪的砖石拱门和拱顶，乌尔王陵的墓室

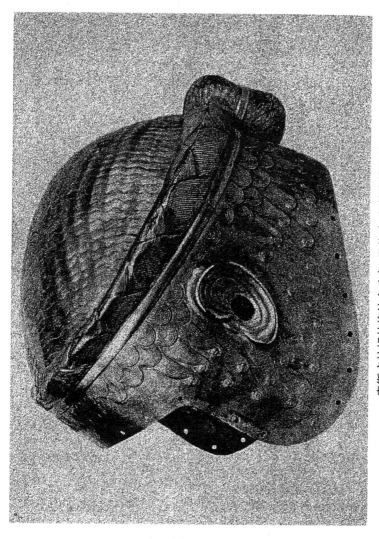

麦斯卡拉姆杜格的金头盔，巴格达，伊拉克博物馆
（苏美尔炼金技术杰作中最引人注目的范例，年代可追溯至乌尔第一王朝之前）

欧贝德遗址中的神庙

（神庙正面的复原图，展现了中楣和门廊的排布情况，圆柱上刻有马赛克、铜狮和浮雕）

刻有神话场景的贝壳雕刻板,费城
宾夕法尼亚大学博物馆
(发现于乌尔王陵中一架竖琴上,竖
琴饰有黄金和天青石装饰的牛头)

大英博物馆

费城宾夕法尼亚大学博物馆

乌尔王陵出土的金花瓶

来自乌尔的舒卜阿德王后墓中的银制牛头，费城宾夕法尼亚大学博物馆

是两河流域下游河谷最早的定居者？是谁创造了这些独具特色且唯一幸存的产物呢？有一种情况是几乎不可能的，即埃利都、乌尔、欧贝德这些精心制作装饰精美的陶器是阿拉伯中部闪米特移民的手工制品。鉴于荒漠游牧民族的生活方式，他们不可能是成熟的陶工，我们所知后来的阿拉伯陶器并不能证明其发端时期就具有如此的艺术性。真正的线索可能存在于同时代遥远的北方文明。在乌尔，我们发现了一尊男子的小雕像，由粗糙的彩陶制成，同时代的还有一些装饰花瓶。这名男子留着细长的尖胡子，与最早的苏美尔工艺品极为不同，但奇怪的是这与基什的某些珍珠母镶嵌的人物形象有类似之处，而基什是阿卡德文明的中心城市，而不是苏美尔文明的中心；这些彩陶应该是来自于阿卡德传统。如果是这样的话，出现在埃利都和乌尔的这些器物意味着马尔图人，肯定具有小亚细亚（Asia Minor）血统，因为他们在历史时期是讲闪族语的，他们向南推进的距离比设想的还要远，控制了整个阿拉伯移民和他们分散的人口，控制范围远至波斯湾海岸。换句话说，阿卡德人迁入两河流域在苏美尔人之前，阿卡德与苏美尔南北势力范围的划分也是之后随着这片土地最早的统治者因海上民族入侵而被迫撤回才形成的。

从以上这三个方面来看苏美尔人可能是最后进入南部地区的民族。他们来自于非常遥远的地方，如果这片陆地还没有完全形成，不能提供良好的农业和商业条件，他们是不大可能放弃原来的土地而搬迁的，然而闪米特的游牧民族见证了这片肥沃土地的形成，它一形成后便很自然地向南迁移。"人类初创时期不知以面包为食以服饰蔽体。人们四肢着地地行走，同山羊一般吃着牧草，喝着沟渠里的水"，这是一段苏美尔颂词，但这段颂词所描述的情况，几乎不可能是苏美尔人作为文明传播者对他们自身状况的描述，而是他们在进入南部沼泽地区时所见到当地居民的情况，他们鄙视这些当地人，并奴役他们。

文明是如何引进的，巴比伦人对这个问题的解释（见本书边码第189页）暗示两河流域原来是存在着人类的，他们的生活方式与这则颂词中的描述几乎一致。

沼泽居民的生活方式可以从欧贝德出土的原始居民遗址以窥

概貌,欧贝德遗址位于乌尔的附近,属于彩陶时期,是河滩地表突起的小山丘上所建的小村庄,,村庄由数个芦苇小屋构成,围墙由竖直的木头柱子立起来;四周由芦苇铺成,涂上防水的树脂或泥膏;屋顶平坦,垫子上覆盖着泥膏,由横梁支撑,有的房顶则如当地现代建造的小屋一样,为拱顶结构,拱顶中使用捆绑起来的长芦苇代替竖直的柱子,每根长芦苇柱顶部相对,向内弯曲,捆扎在一起以制成一连串的拱形,再将水平的一排排芦苇与拱顶系在一起,最后在整个房屋的顶部铺上芦苇垫。门为木制,门柱插在进口石料制成的石槽中,炉灶则是在夯实的地面上挖的一个洞,或是由未经烘烤的泥砖砌成。这时的家畜有奶牛、绵羊、山羊,还有猪;大麦也已经开始种植,人们用原始的手推石磨研磨大麦,或用研钵捣碎做成粥,此外鱼也是他们的主食之一。铜在这时已经投入使用,但仍然是一种奢侈品;大多数情况下仍然使用石器,小件的刀具、锯子、脱粒机的切割片、箭头等都是从沙漠中捡来的黑硅石、燧石上切割而成,或从像酒瓶玻璃那样半透明的黑曜石上切割,后者要从遥远的高加索进口而来。金属确实很匮乏以至于割大麦的镰刀都是烤干的泥土做的,正因为这样镰刀很快就坏了,钝了,因此在我们发掘的古遗址现场发现了很多被扔掉的泥制镰刀。制作工具的材料还有骨头,骨头一般用作锥子和织针。除了彩陶,欧贝德遗址还出土了粗粘土陶器,有时还会有阴刻花纹,有条件的话,有的还会用石灰岩做食物器皿。这些村民乘坐狭窄的、独木舟造型的船登上沼泽地,船首高度卷曲,由绑在一起的芦苇制成。他们穿着羊皮或手织土布做的衣服,根据一个泥塑像上的印迹我们可以推测他们可能有纹身:他们的耳朵穿孔,佩戴骨头、沥青或烤干的泥钉,女性佩戴厚重的串珠项链,有切制粗糙的水晶、玛瑙、贝壳,头发在脑后盘成圆发髻;男性似乎留着长长的尖胡子。他们埋葬死者时弯曲死者膝盖,保持侧卧姿势,由于陪葬品有食物、个人装饰物、工具等等,可以猜想当时的古人可能有某种信仰认为人死后生命是会延续的。

要想给欧贝德村落居民一个粗略的断代也是不可能的;只有彩陶器物显示它肯定在半信史时期之前繁荣过很长一段时间,后者在基什和乌尔的发掘中能得到证实,并且可能与苏美尔人的文字

16　　记录有一定联系。但这确实能说明当人类文明处于早期阶段时三角洲地区古人的生活状况，如果不是这些遗迹，我们只能从自然进程中发生的事件及演化进程的后来形态来推断当时的状况。

　　我们可以勾勒出这样一幅初始的景象：一个个独立的移民家庭冒险进入逐渐干涸的沼泽地，把他们的芦苇屋搭建在天然岛屿上，或者如《巴比伦创世史诗》中所描述的那样搭建在芦苇泥浆的平台上。史诗中马尔杜克（Marduk）捏制泥团并播撒于铺在水面的灯心草垫上，接着人类便开始耕作自己的这一小块土地，挖排水渠或运河以获得定期的灌溉条件。在土地较为宽阔的地方，尤其是河流沿岸土壤最肥沃的地带，村落规模会增大。随着村落规模的增大，村落之间开始合作起来修建大型的水利工事，如重要的运河，以实现对河流的科学管理。随着杰出的城镇居民苏美尔人的到来，人们的生活方式发生了更深远的变化。

　　早期定居点的生活环境及土地的物理特性不可避免地会让各
17　　个殖民点互相分离，每个地方都想将更多的土地纳为自己的可耕地，用沼泽地周围的贫瘠土地作为分界线与邻居隔绝。由于土地在逐渐地干涸，沼泽贫瘠土地消失，各自分离的小社群不仅开始建立联系，而且开始彼此竞争。这一切都是由于领地扩张欲引起的，肥沃的土地是有限的，对无人区土地的开垦又会引起与邻国的争端；用来灌溉更广阔区域的运河可能会流经另一个村庄的领土，它们会开口截留灌溉水资源；偷牛比饲养来得容易也快捷得多；土地、水源、畜牧所引发的争端成为常态，逼迫着人们团结起来对抗敌人保护自己的领土。经验告诉他们用泥砖或晒干的泥砖砌的房屋应该建在水平面之上，且必须要建在人工搭建的平台之上，如果有需要的话，一堵土墙是抵御周期性洪水的最好工事；常识告诉我们人工修建的城墙除了抵御洪水，同时也能抵御敌人的入侵，所以村落逐渐发展成带城墙的小镇。由于周围分散的小农庄和小村庄无力保护自己，带城墙的小镇便成为周围地区的中心和避难所；苏美尔人的智慧引进或者说发展出了一套行政管理系统；小镇中的神庙建
18　　筑，是为万神殿中最受当地居民喜爱的神祇修建的，人们将之视为特别的保护神，并为地方自治原则提供宗教上的支持；帕特西（patesi）或者称首席大祭司，是神在人间的直接代表者，自然地在神权国家中

具有行政长官的职能和权力；从很早的历史时期开始，美索不达米亚便已成为一片邦国林立的土地，由众多小城邦国家组成。

最后的结果，尽管不可避免，仍算不上十分合理。整个地区如我们所见，苏美尔人明显占有统治地位，至少在此意义上是同一个民族。他们在所有的地方传播同样的物质文明；本来仅在南方使用的苏美尔语，也开始在北方流行起来，此外南北的法律、习俗也变得统一起来；除了个别城邦保护神不一样外，甚至连宗教信仰也是一样的。整个地区的统一很明显地成为下一步的发展趋势，而肥沃的农业河谷地带需要对外的安全保障也让这一点成为必要。阻碍这一统一进程的有两个因素：城邦之间为了争夺土地和水源的持久纷争，以及在许多城邦国家中形成的地方保护主义。

中央集权和地方分裂之间的冲突，某种程度上解释了苏美尔历史的后续发展。普通公民、农夫或商人，最基本的需求就是由政府提供的和平安定的环境，以及对他们财产权的尊重和承认，而且这种需求随着环境改变与日俱增。大多数动乱都有其土地争端根源，由独立的邻邦国家的活动或存在而引起，解决问题的有效办法便是镇压独立势力建立统一的政府。这为统治者的野心提供了现成的借口，而且正是因为各城市居民之间有太多的共同之处，因此让被征服城市接受同族的邻邦人统治并没有多大困难；当然武力并不是政权更替的必要手段，虽然藉由武力确实可以获得和平。但是这种统治完全依靠武力的支持，权力是极不稳定的；如果宗主国一旦遭受内乱或外患的打击，那么便不再有传统的忠诚来支持他的权威；每座城市对于自己的统治都有一套很好的说辞，作为城邦的统治者，如果对帝国有控制野心的话，可以依靠古老的分裂主义来支持其叛乱。在这种情况下，内战成为常态，而不是例外。

上述内容是对苏美尔文明发端时期历史重构的一种尝试，且这种重构是基于很多不确定的证据得来的。目前并没有关于早期历史的文字记录，考古资料出土也非常之少；地理学和民族学只能提供一些线索而不是确凿的事实，其余的我们只能从后期的历史状况以及导致后期状况发生的一连串事件来推断：无论猜想是正确的还是错误的，这种框架已经将我们带回历史的开端，但在进入下一步之前，我们必须回过头来看看到底哪些才是历史可以依靠的原始资料。

苏美尔王表（第二章）

A. 大洪水前诸王（拉尔萨王表 No. 1）

统治者	城市	统治年限
阿鲁利姆（A-lu-lim）	埃利都（NUN^{KI}）	8 sars ① = 28800 年
阿拉伽尔（A-la-(l)-gar）	埃利都	10 sars = 36000 年
恩门卢安纳（En-me-en-lu-an-na）	巴德比比拉（Bad-tabira）	12 sars = 43200 年
恩门伽尔安纳（En-me-en-gal-an-na）	巴德塔比拉	8 sars = 28800 年
牧羊者杜穆兹	巴德塔比拉	10 sars = 36000 年
恩西卜兹安纳（En-Sib-zi-an-na）	拉拉克（Larak）	8 sars = 28800 年
恩门杜尔安纳（En-me-en-dur-an-na）	西帕尔	5 sars, 5 ners ② = 21000 年
（?）杜杜（?）du-du	舒如帕克	5 sars, 1 ner = 18600 年

（共）八位王，5 座城，洪水之后，王权自天而降。241200 年

大洪水来临。

B. 大洪水后诸王（拉尔萨王表）

基什第一王朝

统治者	城市		统治年限
伽乌尔（GA-UR）	1200 年	13	
牧羊者埃塔那(Etana the shepherd)			1500 年

1

---

① 译者注："sar"为计量单位，1 sar＝3600.
② 译者注："ner"为计量单位，1 ner＝600.

序号	名字	在位年数
2	古尔拉尼达巴安纳(GUL-la^d NIDABA-an-na)	960 年
3	(?)	
4	(?)	
5	巴……(Ba-……)	
6	(?)	
7	伽利布姆(Ga-li-bu-mu)	360 年
8	卡卢玛姆(Ka-lu-mu-mu)	840 年
9	卡伽吉卜(Ka-ga-gi-ib)	900 年
10	阿塔卜(A-tab)	600 年
11	阿塔巴(A-tab-ba)	840 年
12	阿皮乌姆(Ar-pi-um)	720 年
14	巴利赫(Ba-li-ih)	400 年
15	恩美努纳(En-me-num-na)	660 年
16	美拉姆基什(Me-lam-Kish)	900 年
17	巴拉克努那(Bar-rak-num-na)	1200 年
18	美斯扎(Mes-za-(?))	140 年
19	提兹伽尔(Ti-iz-gar)	306 年
20	伊尔库尔(Il-ku-u)	900 年
21	伊尔塔萨杜姆(Il-ta-sa-du-um)	1200 年
22	恩美恩巴拉吉西(En-me-en-bara-gi-si)	900 年
23	阿伽(Ag-ga)	625 年

(总计)23 位王,24510 年 3 月 3 天半

乌鲁克第一王朝

序号	名字	在位年数
1	美斯基阿伽舍尔,太阳神之子(Mes-ki-ag-ga-se-ir, son of the Sun-god)	325 年
2	恩美卡尔 En-me-kar	420 年
3	(神)卢伽尔班达,牧羊人(Lugalbanda)	1200 年
4	(神)杜穆兹,渔夫	100 年
7	乌图尔卡拉玛(Utul-kalamma)	15 年
8	拉巴舍尔(Labasher)	9 年
9	恩努那达纳(Ennunadanna)	8 年
10	……荷德(……-he-de)	36 年

22

编号	名字	在位
5	吉尔伽美什，库拉卜领主（Gilgamish, lord of Kullab）	126 年
6	乌尔努恩伽尔（Ur-dNungal）	30 年
11	美拉姆安纳（Me-lam-an-na）	6 年
12	卢伽尔基阿伽（Lugal-ki-aga）	36 年

（总计）12 位王，2310 年

乌尔第一王朝
（公元前 3100 年—公元前 2930 年）

编号	名字	在位
1	美斯安尼帕达（Mes-an-ni-pad-da），或称阿安尼帕达（A-an-ni-pad-da）	80 年
2	美斯基阿南纳（Mes-ki-ag-dNannar）	36 年
3	埃鲁鲁（Elulu）	25 年
4	巴鲁鲁（Balulu）	36 年

（总计）4 位王（应该是 5 位），177 年

阿万王朝

（总计）3 位王，356 年

基什第二王朝

编号	名字	在位
1	（?）	201 年
2	达达西格（Da-da-sig）	（?）
3	玛玛伽尔（Ma-ma-gal-la）	360 年
4	卡尔布…（Ka-al-bu-…）	195 年
5	库埃（KU-E）	300 年
6	努那（…num-na）	180 年
7	伊比尼（I-bi-ni-…）	290 年
8	卢伽尔姆（Lugal-mu）	360 年

（总计）8 位王，3195 年

哈丹尼什(Hadanish)

哈玛兹(Hamasi)王朝

(总计)1位王,360年　　360年

1

恩乌克杜安纳(En-uk-du-an-na)

乌鲁克第二王朝

王权(总计)持续120年。他们统治时间为480年。　　60年

乌尔第二王朝

4位王,108年(由尼普尔王表得知)

卢伽尔安尼蒙都(Lugal-an-ni-mu-un-du)

阿达卜(Adab)王朝

(总计)1位王,90年　　90年

1

安普(An-pu)　30年

…兹(…-zi)　(?)　5

…卢伽尔(…-lugal)　30年　6

马里(Mari)王朝

4

卢伽尔伽尔(…-lugal-gal)　　20年

比姆(…-bi-im)　　30年

……　　9年

(总计)6位王,136年

1
2
3

库巴乌(KU-ᵈBau),女酒贩

基什第三王朝

100年

24

注:上述王表中的诸王朝在很多情形下多少都有同时代重叠的部分,但具体情形尚未可知;

从这一时代住后，重叠的部分便可被核证，因此将它们平行列于下下表中。

阿克沙克王朝 (The Dynasty of AKSHAK)

乌恩兹 (Unzi)	30年
乌恩达鲁鲁 (Undalulu)	6年
乌鲁尔 (Urur)	6年
普苏尔萨罕 (Puzur-sahan)	20年
伊舒伊尔 (Ishu-il)	24年
吉米尔辛 (Gimil-Sin)	7年

阿卡德王朝 (The Dynasty of Agade)
(约公元前2630年—公元前2470年)

萨尔贡 (Sargon)	55年
里姆什 (Rimush)	9年
玛尼什吐苏 (Manishtusu)	15年
纳拉姆新 (Naram-Sin)	55年
沙尔卡利沙里 (Shargalisharri)	24年
"谁是王，谁非王？"	

拉伽什的帕特西

乌尔-尼那 (Ur-Nina) 约公元前2900年	
阿库尔伽尔 (Akurgal)	
安纳吐姆一世 (Eannatum I)	
恩安纳吐姆一世 (EnannatumI)	
恩铁美纳 (Entemena)	
恩铁美纳二世 (EntemenaII)	
恩埃塔兹 (Enetarzi)	
恩利塔里 (Enlitarri)	
卢伽尔安达 (Lugal-anda)	
乌鲁卡基那 (Urukagina) 约公元前2630年	

基什第四王朝 (约公元前2650年)

普苏尔辛 (Puzur-Sin)	25年
乌尔扎巴巴 (Ur-Ilbaba)①	6(?)年
兹姆达尔 (Zimudar)	30年
乌西瓦塔尔 (Usi-watar)	6年
伊什塔姆提 (Ishtar-muti)	11年
伊什美沙玛什 (Ishme-Shamash)	11年
南尼雅 (Nannia')	3年

乌鲁克第三王朝 (约公元前2630年)

卢伽尔扎吉西 (Lugal-zaggisi)	25年

---

① 译者注：音译，今读"乌尔扎巴巴 (Ur-Zababa)"。

乌鲁克第四王朝（约公元前 2470 年）

乌尔宁晋（Ur-nigin）	7 年
乌尔吉吉尔（Ur-gigir）	6 年
库达（Kudda）	6 年
普苏瑞利（Puzur-ili）	5 年
乌尔巴巴（Ur-Babbar）	6 年

乌鲁克第五王朝（约公元前 2280 年）

乌图赫伽尔（Utu-khegal）	7 年

古提王朝（约公元前 2470 年）

伊姆塔（Imta）	3 年
英基舒（Inkishu）	6 年
尼基尔拉伽卜（Nikillagab）	6 年
舒尔美（Shulme）	6 年
埃鲁鲁美什（Elulumesh）	6 年
伊尼玛巴克什（Inimabakesh）	5 年
伊格鲁沙乌什（Igeshaush）	6 年
亚拉伽卜（Iarlagab）	15 年
伊贝特（Ibate）	3 年
亚拉伽什（Iarlagash）	3 年
库卢姆（Kurum）	1 年
……	3 年
……	2 年
伊拉卢姆（Irarum）	2 年
伊布拉努姆（Ibranum）	1 年
哈布卢姆（Hablum）	2 年
普苏尔辛（Puzur-Sin）	7 年
亚拉干达（Iarlaganda）	7 年
提利干（Tirigan）	40 天

拉伽什的帕特西

乌尔巴乌（Ur-Bau）
纳玛克尼（Nam-makhni）
乌尔伽尔（Ur-gar）
达拉扎（Dar-azag）
鲁巴乌（Lu-Bau）
鲁伽拉（Lu-Gula）
古地亚（Gudea）
乌尔宁吉苏（Ur-Ningirsu）
乌尔拉玛（Ur-lama）

乌尔第三王朝（约公元前 2278 年—公元前 2170 年）

25

26

拉尔萨王朝(公元前 2170 年—公元前 1910 年)

- 纳普拉努姆(Naplanum)
- 埃米苏(Emisu) 28 年
- 萨缪姆(Samum) 35 年
- 扎巴亚(Zabaia) 9 年

拉尔萨王朝(接上表)

- 贡古努姆(Gungunum) 27 年
- 阿比萨尔(Abi-sare) 11 年
- 苏缪鲁(Sumu-ilu) 29 年
- 努尔阿达德(Nur-Adad) 16 年
- 辛尼丁纳姆(Sin-idinnam) 6 年
- 辛纳利巴姆(Sin-eribam) 2 年

伊辛王朝(公元前 2170 年—公元前 1950 年)

- 伊什比伊拉(Ishbi-Irra)(Gimil-ilishu) 32 年
- 伊丁达干(Idin-Dagan) 10 年
- 伊什美达干(Ishme-Dagan) 21 年
- 利比特什塔(Libit-Ishtar) 20 年
- 11 年

伊辛王朝(接上表)

- 乌尔埃努尔塔(Ur-Enurta) 28 年
- 伯尔辛(Bur-Sin) 21 年
- 里皮特恩利尔(Libit-Enlil) 5 年
- 伊拉米提(Irra-mitti) 8 年
- 恩利尔巴姆(Enlil-bam) 24 年
- 扎姆比亚(Zambia) 3 年

- 乌尔纳姆(Ur-Nammu) 18 年
- 舒尔吉(Dungi)① 47 年
- 阿玛尔辛(Bur-Sin)② 9 年
- 舒辛(Gimil-Sin)③ 9 年
- 伊比辛(Ibi-Sin) 25 年

巴比伦第一王朝(约公元前 2040 年)

- 苏姆阿布(Sumu-abu) 14 年
- 苏姆拉伊鲁(Sumu-la-ilu) 36 年
- 扎布姆(Zabum) 14 年
- 阿皮尔辛(Apil-Sin) 18 年
- 辛姆巴里特(Sin-muballit) 29 年
- 汉谟拉比(Hammurabi)(公元前 1940 年) 43 年

① 译者注:音译,今读"舒尔吉(Shulgi)"。

② 译者注:音译,今读"阿玛尔辛(Amar-Sin)"。

③ 译者注:音译,今读"舒辛(Shu-Sin)"。

辛纳齐沙姆（Sin-iqisham） 5 年

西利亚达德（Silli-Adad） 1 年

拉尔萨王朝埃兰诸王

瓦拉德辛，库杜尔马布格之子
（Warrad-Sin, son of Kudur-Mabug） 12 年

利姆辛（Rim—Sin） 61 年

伊特尔皮沙（Iter-pisha） 5 年

乌尔杜库加（Ur-dukuga） 4 年

辛玛吉尔（Sin-magir） 11 年

达米克伊利舒（Damiq-ilishu）

译者注：乌尔第三王朝之前的日期取的只是大约近似的整数；在王朝早期存在大约 100 年左右的误差。

第二章　苏美尔的早期历史

　　记录苏美尔早期历史的文字资料主要来自于苏美尔王表、传奇故事、卜辞文书中提到的事件，以及后来的王室铭文和国王年名。此外对一些重要遗址的发掘同样意义重大，如基什、法拉（Fara）、乌尔、欧贝德、特洛（Tello）、瓦尔卡（Warka）、尼普尔（Nippur）、阿淑尔（Asshur），它们佐证了文献记载并对文献所承载的有限信息进行了有效的补充。

　　大约公元前2000年，乌尔第三王朝覆灭之后，苏美尔的书吏们开始记录逝去的伟大日子和苏美尔曾经的辉煌。他们手头有大量的档案材料可供使用，通过这些材料他们一方面汇编出一部政治史，一方面整理出美索不达米亚地区的宗教传统。虽然他们的历史已经消亡了，或者说仅幸存于后来巴比伦人的编年史中，但当时的确有格式化的王表抄本留传，这是当时的祭司贝罗索斯（Berossus）完成的版本。书吏们所依据的叙事框架，至少希腊化时期祭司贝罗索斯（Berossus）的编年史版本是如此。

　　王表给出国王的名字，按王朝排列，并列举出每位国王在位的年限，以及王朝统治的总时间；王表以洪水前的十位国王开始，详细列出了大洪水与乌尔第三王朝结束之间的19个王朝。不幸的是，王表作为历史工具来使用的话，其史料价值是不均衡、不确定的。当他们处理距自己相隔较近的时段时，可以参考当时的历史遗迹或可靠的历史记录，如果真是照做的话，那书吏们的记录便是可采信的，但即便如此也可能会有一些误读。书吏所记载的所有朝代，时间上似乎是连续的，因此经过简单的推算我们就可以得知每位国王在位的时间，但实际上某些国王在位的整个时期或部分时期同属于一个时代；另外，人们自然地认为这些国王是全国范围

的大领主，但从他们统治时间重合的事实来看，很明显至少有一些
是不能支撑这种说法的。我们也很难理解为什么有的国王被收录
进去，而有的却没有，尤其是我们所知的虽然统治确实有限但依然
重要的一些国王，并没有被纳入其中。所以出于年代学的目的，书
史们所给出的数字必须尽可能地通过对照外部信息，对之进行严
格审核和修订，这在对公元前 4600 年左右这个时间上体现得尤为
突出。按照他们的数字总和乌尔第一王朝该归在此时，但实际上　　　29
它必须被推迟至约公元前 3100 年左右。

　　洪水前十位国王的统治时间据一份王表记载（其中只给出了 8
个王名），最保守的估计，共统治了 241200 年，而据其他王表给出
的数据，为 456000 年。这些国王在位时间都是数个"沙尔（sar）"，
或以 360 年为单位的循环周期；在这些古怪的计数背后可能存在
着不同的符号系统之间的混乱，但即便如此，另一个系统化的影响
也在起作用，我们不难看出这些数字是为了符合某种天文学理论
而修改或虚构的。甚至在大洪水之后，乌尔第一王朝之前的前两
个王朝中，尽管数字所依据的框架并不相同（统治时间并非以沙尔
来计量），而同样严重的夸大也使其失去了断代价值：比如基什之
王，其中一位的在位时间为 1500 年，另外三位各为 1200 年，而中
间的 23 位共统治 24510 年 3 个月零 3.5 天；而乌鲁克的 12 位国
王一共才统治 2310 年。

　　另一个值得考证的疑点是在这些国王的名字中，有些名字会以
神名，或者英雄的身份再次出现在之后的神话传说中。洪水前的　　　30
杜穆兹（Dumuzi）就是塔木兹（Tammuz）或阿多尼斯（Adonis），即冬
季死亡春季复苏的植物神，他在乌鲁克王朝中又再次出现；乌鲁克
的吉尔伽美什（Gilgamesh）是伟大的史诗《吉尔伽美什》中的英雄人
物，其中一部分是洪水故事；"牧羊人"卢伽尔班达（Lugalbanda）是
一位神祇，麦斯基阿伽西尔（Mes-ki-ag-ga-sir）是太阳神的儿子，"牧
羊人"埃塔那（Etana）是一位驾着雄鹰飞上天空的英雄；一直到乌鲁
克王朝的最后七个名字时，国王才失去了神性，且他们的统治时间
也变得与凡人的寿命一致。

　　那这些王表是否就此便作为纯粹的无稽之谈而应该被忽略呢？
到目前为止，在基什第三王朝，大洪水之后的第八个王朝之前，没

有一个国王的名字在同时代的材料中得到了证实：现在对乌尔第一王朝，即大洪水之后的第三个王朝遗迹的发现，证实了它的历史性，由此也鼓舞人们从不切实际的纪年和神名背后去寻找史前时期的史实基础。名字问题其实不一定那么麻烦。稍晚时期的苏美尔国王死后甚至生前就被神化；我们没有理由认为这种举措是一种革新，早期统治者墓葬中的人祭在同时期普通老百姓的墓葬中没有丝毫痕迹，这很可能是国王以其神性与百姓区分开来的证据；围绕着纪念神化国王这一主题的传说故事理所当然地会丰富起来。巴比伦人将吉尔伽美什视为人间统治者和保存至他们那个时代的城墙的修建者，这虽不能视为确凿的证据，也是一种暗示；我们不必尝试从传说故事中虚构历史，但应该具备这种意识：在大量虚构和难以置信的故事之下必定潜藏着某种真实。

事实的真相是，书吏所记录的洪水前的国王与城市意味着苏美尔人对这片地区的占领始于这场大灾难之前。王表只是提到了大洪水，对洪水的细节描述则保存在著名的《洪水史诗》（Deluge Epic）中，这个故事有多种变体，最著名的变体当然是《圣经·创世纪》中的洪水故事。虽然某些传统可能夸大或者附会了洪水故事，但完全否认其历史真实性是荒谬的，毕竟这个故事有一定的真实印迹可寻；洪水故事所描述的各种细节与南部三角洲当地的情况如出一辙，说明只有这里才可能是洪水故事的源头。洪水泛滥在两河流域下游是很普遍的现象，洪水成因各异，只需将这些洪水的成因与传说故事的实际描述一一对应，便可以基本判断王表提及的洪水最有可能的就是诺亚（Noah）经历的那场。当然就不涉及人类彻底毁灭的情节了，甚至连三角洲地带的居民也并没有完全毁灭；因此洪水前的城市至少有一些得以保存至历史时期——但当时一定造成了足够严重的破坏，才使其成为历史上具有里程碑和划时代意义的重大事件。这次大洪水造成的影响必定是深远的。那些修建在人造平台上，筑有城墙的城市，抵挡住了洪水，成为苏美尔入侵者的地盘；而文明程度更低、更野蛮的闪米特人，他们的村庄没有围墙的保护，完全暴露在地表，遭受着洪水的肆虐。而且大洪水造成的人口锐减，很可能成为苏美尔人北上挺进阿卡德地区的最重要推动力。乌特纳皮什提姆（Uta-napishtim），苏美尔洪水故事中的诺亚,最早接到洪水即将来临的警告,他居住的地点为舒鲁帕克,可能是位于闪米特地区的一个孤立居民点,而所谓的洪水始作俑者"邪恶"(wickedness)可能反映的是苏美尔人与闪米特人之间的种族仇恨;神祇对乌特纳皮什提姆一家的指示"要生养众多,遍满地面"被占领这空地的苏美尔人完全实现。 *33*

王表所述大洪水之后的基什王朝与乌鲁克王朝,应该更具有历史真实性,但在更多考古资料出土前,我们无法得出确切的结论,因为无论何时,我们都需要进一步的证据来佐证或补充现有的王表和传说故事。从王表中我们所能得出的就是这些。公元前 2000年前的苏美尔人认为,洪水打断了他们的生活,但并没有使整个国家生活陷入混乱,这种想法可能具有一定合理性;洪水后又过了很长一段时间,两个城邦国家接连获得了领主权,而中间的空白时段连他们自己也不知过了多久;随后便开始了一段相对和平的繁荣时期。洪水后的第三个王朝,乌尔第一王朝,由美斯安尼帕达(Mes-anni-padda)建立,我们在乌尔发现了他妻子的滚筒印章。美斯安尼帕达之后王位由其子阿安尼帕达(A-anni-padda)继承,这一点从他在欧贝德修建的神庙的奠基泥板可以得知;尽管可能由于两个名字容易混淆,安尼帕达的名字并没有出现在王表中,但其王族成员中有四人据记载为乌尔统治者,甚至有可能统治过整个苏美尔:其中两位国王的在位有外部证据佐证属实,因此整个王朝的 *34* 存在也是合理的。

如果说这一时期的文字记录匮乏且文献可信度不高的话,那么考古发现则有力地证明了乌尔第一王朝末期的历史,填补了这段空白。在基什遗址挖掘出土了乌鲁克王宫的一部分;我们发现了一块刻有象形文字符号的小石板,时间上可以追溯至非常早的时期,因为这类物品不容易毁坏,而且它出现在覆盖整个遗迹的废墟中可能是偶然的。虽然说通过遗址中的单件物品来对这个建筑进行断代未免过于草率,但这座宫殿绝对要早于乌尔第一王朝,这是确定无疑的。这座宫殿占地面积巨大,内部有许多精心设计的房间,由晒干的平凸状泥砖砌筑而成,平凸砖指的是一面为圆弧状凸出的长条形泥砖,泥砖上有两个压上去的指印,便于为即将涂抹上去的泥浆留足空间;宫殿的入口在平台高处,要通过很长一段阶梯才能到达,墙壁为表面饰以镶嵌板的砖墙。最令人惊奇的是,宫殿中还有大量的砖砌圆柱,有的排列为柱廊,有些用于支撑整个大厅的天花板。此外,我们还发现了大量的墙壁装饰物残片,镶有珍珠母或贝壳材质的人物、动物形象的石板,表现的画面多为游牧场景和将俘虏绑至国王面前的战争胜利场景。虽然这些装饰物的工艺十分高超,但是上面的纹饰图案,尤其是人物形象,非常地原始,表现风格也很特别,这跟我们现有的几乎同时期的乌尔遗迹形成强烈的反差:留着细长尖胡子的男性我们推测大概为阿卡德人,但装饰板的工艺及整座建筑的建造却是纯粹的苏美尔式的。基什第一王朝的国王中,有四位国王的名字是明显的闪米特名字,其他的则为苏美尔名字;因此苏美尔文明的影响势力在北至基什的地区是普遍传播的,尽管此后的基什王朝貌似已经是闪米特阿卡德人了,但苏美尔文明绝对占据主导地位。这座无名国王的宫殿,可能属于苏美尔霸主统治下的某位乌鲁克诸侯王,它展示了整个国家的繁荣及南部地区艺术家和建筑家们极高的工艺水平。

此外在乌尔发现了一座陵墓,这是一个墓葬群,其中最早的墓葬可以追溯至公元前 3500 年,最晚的可以追溯到乌尔第一王朝的初期;这些墓葬中有许多是当地诸侯王的陵墓,他们的名字在王表中并没有记载。平民的墓葬由一个个长方形墓坑构成,平均深度在 5 英尺左右,不低于 4 英尺;墓坑的底部,便是放置尸体的地方,最简单的葬制,是直接用席子将尸体包裹后平放于墓中;有的墓坑底部铺有草席,有时会出现草席或树枝编制的普通棺材,偶尔也会有木制棺材,但极为少见;此外还有一种独具一格但确为同时代的葬制,用的是泥制的椭圆形棺材,棺材的纹饰取自于编制物(如篮子)的造型。死者呈侧卧姿势,双腿稍弯曲,双手屈于面部,通常呈紧握饮水碗于唇边的姿势。饮水碗的材质各异,有陶的,铜的,还有石质的;死者的私人物品与尸身放在一起,其他的祭品则置于草席卷或棺材之外,放在墓坑的空闲处。某些早期墓葬有明显的焚烧痕迹,尸体的上半身已经被部分火化,而这种习俗在进入历史时期之前就已经消失殆尽了;在许多早期墓葬旁边,或者墓葬上方,还会摆放一个沥青的船模型,船舱载满盛有食物的器皿。王族墓室由石头或砖砌筑而成,同样位于墓坑底部;四周墙壁由天然未经加工的石灰石筑成，天花板做成带有拱点的拱顶形状，有的承梁也是石质的，也就是说，每个方向的石梁都往外延伸搭在下面的石梁之上，从而形成一个"假拱"；有的天花板则是由砖砌筑而成，有基底的放射中心联接点，形成真拱的结构；嵌在墓室墙体内的门上方也有石头或泥砖砌成的拱形。作为粘合涂抹材料，泥浆用于墙体和墓室顶部的修建，但整个墓室的内壁墙面，则用的是精细的石膏，某些情况下石膏也用于墓顶。苏美尔人在如此早的时期便掌握并广泛应用圆柱、拱、拱顶、圆穹（从墓室的拱点来看可能是有争议的）等建筑形式，而这些建筑形式是几千年之后才在西方世界出现的，这实在是令人大为惊叹。

苏美尔文明的总体水平与高度发展的建筑学成就通过丰富而华美的墓葬装饰及陪葬品体现得淋漓尽致。陪葬品中金银制品数量众多，不仅有个人装饰物，还有各种容器、武器，甚至还有稀有金属制成的工具；铜是日常生活中最常见的金属。石质花瓶数量也十分众多，白色方解石（或称雪花石膏）是最受欢迎的石材，但皂石、闪长岩、石灰石也同样常见，罕见的石质器物，我们发现有黑曜石和天青石的杯碗；天青石和玛瑙通常是珠宝商使用的石头。基什王宫墙壁装饰展示的镶嵌技术大量地出现在乌尔王陵中，这种技术也被运用在贝壳、珍珠母和天青石上。

一座王子墓出土的陪葬品，可以让我们更直观地看到苏美尔文明的繁荣。这位王子名叫麦斯卡拉姆杜（Mes-kalam-dug），他的墓葬在整个墓群中属于较晚时期。这是一个普通的土坑墓，墓坑底部是一具木制灵枢，里面除了尸体外，放置有大量的随葬品。麦斯卡拉姆杜王子头戴完整的头饰或头盔，头盔是由金箔制成的假发造型，发型的塑造是由一条条雕刻的线条构成，束发带也是雕刻而成，系成一个奇怪的发结；头盔长度低至颈部，遮住脸颊，耳朵被刻画为圆形，侧须为浮雕突出于脸颊之上；这具头盔造型同安纳吐姆（Eannatum）的秃鹫碑（Stela of the Vultures）中出现的头罩几乎一样。与尸体一同埋葬的是两个普通的碗，以及一件贝壳造型的黄金灯盏，每件器物上都刻有墓主人的名字；墓主人佩戴银制腰带，腰带上挂着一件黄金匕首，刀身为黄金打造，刀柄有黄金饰钮，墓主人体侧还有两把金银合金的斧头；墓主人随身佩戴的装饰物品较多,包括一件饰有黄金和天青石三角形珠的手镯,以及成百上千同样材质的其他珠子、金耳环和银手镯,一件黄金打造的公牛造型护身符,以及一件青金石材质呈坐姿的牛犊造型护身符,两件贝壳造型银灯盏,一根顶端为青金石的金针。棺椁外的陪葬品数量就更多了。最精美的是一只金碗,刻有凹槽和雕刻花纹,边缘有天青石的碗柄;碗的旁边是一件银制酒壶和一只木鞋;此外有大约50个银、铜制成的碗和杯盏,以及大量的武器装备,一支金矛,数把刀柄饰以金银的匕首,铜矛、斧、锛,以及一套箭头为三角形燧石的箭矢。

土坑墓尚且如此,砖石结构的王室墓葬就更为富丽堂皇,并且呈现出普通土坑墓无法比拟的特征。随国王们一同下葬的是大规模的殉葬者,墓坑底部挤满了大量的尸体,男女都有。从死者的姿态来看应该是生前被带到这里就地屠杀的。除了墓坑,其他地方也发现有殉葬者,在一座墓葬中,我们发现有数个头戴铜盔手持长矛的警卫士兵,躺在通往墓穴的墓道斜坡上;与墓室尽头相对的地方还有九名头饰精美的宫廷侍女;在入口通道前停着两辆重型四轮车,每辆车由三头公牛牵引,驭手的尸骸散落车内,马夫则在牛头的位置;而另一座墓葬,舒卜阿德(Shub-ad)王后的陵寝,侍女呈并列的两行站立,队列的尽头是一名竖琴师和他弹奏的竖琴,竖琴饰以青金石和黄金镶嵌的牛头,发掘出来的时候竖琴师的臂骨呈交叉姿势置于乐器残骸之上;甚至在安放尸体的墓室里仍发现有殉葬者,王后安息的木制灵柩里发现了两尊蜷缩的尸体,一具卧于王后头部,一具屈于王后脚部。目前已知的文献中并没有任何人殉葬制的相关记载,也没有考古材料发现这一风俗的踪迹以及证明后期有类似的习俗;如果,照我之前的说法,用早期国王的神格化来解释这种现象,我们又会发现后面的历史时期即使是在祭祀比国王还伟大的神祇时也没有用到这种人祭仪式:因此对于乌尔王陵中的远古遗存来说,其消失是一个有争议的话题。

欧贝德神庙为我们展示了乌尔第一王朝的宗教建筑风貌。欧贝德神庙位于距乌尔城约四英里的一座小山丘上,是阿安尼帕达为母神宁胡尔桑(Nin-khursag)修建的神殿,这座神庙的装修和豪华程度给人带来的惊叹之感与此前的墓葬不相上下。进入神殿之前,有一段石阶,引向神殿所处的神坛顶部;在石阶的尽头是一道门廊,由木制圆柱作为支撑,圆柱或为镀铜的,或是在木头外包裹着一层沥青,镶嵌有珍珠母、黑页岩、红色石灰石,形成马赛克装饰;神殿入口两侧是数头与真狮子同样大小的铜狮,眼睛和牙齿是镶嵌的,门的上方是一个巨大的铜浮雕,雕刻的是抓住雄鹿鹿角的鹰神伊姆杜吉德(Im-dugud)。神殿的墙壁,由平凸的泥砖砌筑而成,墙壁外围装饰有铜牛雕塑,有一圈铜牛浮雕带和两条镶嵌装饰带,墙壁上的内容为白色石头或贝壳镶嵌的各种图像,镶嵌背景为黑页岩,下面的饰带表现的是牛群和游牧生活场景,其上则是一排鸟的造型;陶制花朵镶嵌有红色,黑色和白色的花瓣,使得其外观更加多彩绚丽。

41

在神殿遗址中我们发现了一块石灰石板,上面用成熟的楔形文字镌刻了一段神殿献辞,署名为"阿安尼帕达,乌尔王美斯安尼帕达之子",另外在一颗黄金珠子上也同样发现了这位统治者的王名和王号,由此我们可以确定这座神庙的奠基时间为苏美尔历史中一段明确的时期,进而证明至少王表的记述是基于确凿的事实基础之上的;至于乌尔王陵,时间断代上相当早,根据王表的记述,应该属于这样一个时段:即乌鲁克掌握着苏美尔的领主权,而乌尔只是一个诸侯国。但有趣的是,如果仔细观察乌尔王陵的陪葬品和欧贝德的墙壁装饰,就会发现这期间在艺术风格上并没有实质性的发展;即便是立体全雕的狮头,我们也发现了同样主题的早期和晚期版本,艺术家的创作习惯是相同的,创作技巧也没有任何改变;很显然,展现在我们面前的是一个在很长一段时期内保持静止的文明。苏美尔人所选取的陪葬品和墓葬装饰说明当时的艺术水平已经达到了相当的高度,如果在这之前没有长时间的历史积淀的话,那些约定俗成的主题并不能如此娴熟地表现出来。单从技术方面来说,合金的使用和合金铸造中展现的技艺证明了对冶金术的认知,这种认知是非凡的且这种认知肯定不是在两三代人的时间里就可以获得的。苏美尔人对金属和嵌轴技术有着十分深刻的认识和了解,举个例子,苏美尔人墓葬中的常见陪葬品远比埃及(Egypt)冶工所制成的一切物品都先进得多,因为直到更晚的历史时期,埃及冶工们给武器装刀柄时才脱离了原始的柄脚和铆钉系

42

统;苏美尔人的金属制品,不管是黄金、白银、合金,还是铜,其铸造成品都没有一点裂缝和瑕疵,而且设计得十分合理,刚好符合他们的目的:将矛头、匕首、斧头变成了精美的艺术品。对原材料的娴熟运用同样体现在更为复杂的雕刻领域:舒卜阿德王后墓葬中出土的一只银牛头和一对银制母狮头,将高贵的气质与精湛的制作工艺完美地结合起来,这种高超的技巧非工艺水平与想象力兼备的工匠不能掌握。更引人注目的是一件整体铸造的合金驴,它被用于装饰王后战车杆上的权环,因为此时在处理类似这些更为常见的题材上,完全的写实主义已经让位于艺术传统和当时对材质的考量,将曲面处理为平面就很好地证明了这一点,这种处理方式直到公元前 15 世纪才被希腊工匠重新掌握。如果我们偶尔关注下苏美尔人艺术中的浮华因素,会注意到例如饰有黄金和天青石动物头像的竖琴,或者王后头饰中过量的环饰、花环、花朵,黄金饰带,青金石和玛瑙石的珠子,这些不过是东西方之间审美的差异罢了。苏美尔人从来不会因色彩和繁复的造型而蒙蔽了他们对简单的线条美感的认知,正如舒卜阿德和麦斯卡拉姆杜墓葬珍宝中那些普通的碗和造型精美的高脚杯所展示的那样,当他们确实用凹槽和雕刻花纹来装饰这些器皿时,是相当和谐自然的,他们注重强调器皿本身的结构线条。那些贝壳雕刻饰板,尤其是国王墓葬出土的头部饰有黄金和青金石的公牛形象,体现出一种创造力,展示了工匠的平衡感和完全精确的构图术,除了人物(或动物)本身的形象特征之外,这种创造力同样令人印象深刻。目前就我们所知,苏美尔艺术于公元前四千纪时达到了它的顶峰。到乌尔第一王朝时,如果非得说这种艺术有什么变化的话,便是其颓废的本质,从那以后便没有能与史前墓葬出土的珍宝相媲美的艺术品了。某种程度上这可能是因为文物的保存具有偶然性——乌尔第三王朝并没有王室墓葬出土,那段伟大的历史如今只能从残存的少得令人吃惊的艺术品中得以见之了。早期的墓葬建筑师所掌握的建筑原理继续流传下来,拱顶、拱、圆穹持续不断地被后人所使用,石刻技术与乌尔第一王朝艺术家的粗糙制品比起来确实进步了很多,但就我们掌握的其他证据来看,无论是在想象力上还是在制作工艺上,都呈现出稳定的衰落态势。那些在阿安尼帕达时期就业已僵化的艺术风格逐渐地破坏了所有的创造性,工匠们由于缺乏兴趣也逐渐丢失了技能,因此当巴比伦沿袭苏美尔艺术风格时,我们对这些老套刻板、毫无生气的艺术形象感到反感,对汉谟拉比(Hammurabi)和加喜特(Kassite)国王们那些毫无意义的装饰感到窒息。但在公元前3500年时,苏美尔艺术确实达到了古代世界很难企及的高度,在这背后必定经历了数个世纪的经验积累。就这一点而言,乌尔的发掘印证了天马行空的王表年代学背后潜藏的传统,即大洪水之后,乌尔第一王朝兴起之前,经历了一段相当长的空白时期。

美斯安尼帕达的统治区域越过原有的城邦边界延伸至整个苏美尔地区,这仅仅是依据王表得出的推论,王表大概主要论及的是两河流域地区的宗主权;而他自己却并没有对外宣称过这样的统治权。但是欧贝德神庙和史前墓葬的出土文物都表明,乌尔文明在当时并不是地域性的、与世隔绝的封闭产物。像两河流域下游的灌溉平原这样富庶的地区,他们的财富来源完全是农业型的;这里既没有金属也没有石头,而且关于乌尔遗址发掘的珍宝有趣的一点是,他们使用的原材料几乎全部是从国外进口的。沥青是从希特顺流而下,经苏巴尔图(Subartu)运来的;铜是从阿曼(Oman)而来,但通过对矿石成分的分析表明,铜也可能是来自于高加索(Caucasus)山区;白银来自于北部西利西亚(Cilicia)的保加尔美登(Bulgar Maden)以及南部埃兰(Elam)山区;黄金可能是从多个地区进口而来,埃兰,卡帕多西亚(Cappadocia),哈布尔地区,以及叙利亚的安提俄克(Antioch)地区。石灰石可能来自于往南一百英里的西穆朗高山(Jebel Simran),或者为了追求更优良的品质,从幼发拉底河上游河谷进口;闪长岩是经由海路从马根(Magan)而来,马根是波斯湾以北的某处;"雪花石膏"或者说方解石,可能是来自于波斯湾西岸的沉积岩洞;青金石据说来自于波斯的一座山,后来亚述人将其称作"青金石之山",但这里看起来似乎并没有任何青金石的踪迹,也没有丝毫古代工事的痕迹;石头是从更遥远的东部地区帕米尔高原(Pamirs)而来,"青金石之山"仅仅是中间的一个商站而已,东方的旅行队在此卸货并出售青金石,供西部的商人购买;这种远东贸易与印度河流域文明是并存的,印度河文明与苏美尔文明是同宗的,而且正如两地出土印章显示的那样,印度河文明与乌尔王陵及美斯安尼帕达是同时代的。最后,在埃及我们还发现,大约在埃及第一王朝,大体上与乌尔第一王朝同时,某些器物毫无疑问是从两河地区借用过来的,石制杖首、滚筒印章、石质花瓶造型,以及镶嵌的墙壁装饰,这样的借用至少表明埃及与幼发拉底河流域之间存在着贸易联系。

像这样广阔的贸易网络如果不是因为苏美尔所辖地域广大且为其提供了良好的市场,加之国力强盛得以确保道路安全,是不可能存在的。相关的证据不在少数,因为在基什的墓葬中就出土了很多乌尔风格的器物;阿淑尔城,即后来的亚述首都,最早的一批建筑是纯苏美尔式的,尽管在时间上晚了几百年(大约公元前2700年),但他们同样证实了早期苏美尔文化的向北扩张;在遥远的叙利亚北部边境村庄哈曼(Hammâm),一些赫梯的墓葬中发现了苏美尔工艺的贝壳滚筒印章,器物年代大约属于公元前3000年;最后,在位于里海(Caspian Sea)东南角的阿斯塔拉班(Astarabad),出土了一些黄金制品,这些器物如果不是直接来自苏美尔,至少也受到了苏美尔艺术的影响。

那么很显然,在乌尔第一王朝之前的这段时期,苏美尔文明巩固了自己的领地,并扩大了所辖范围。而真实的情况是,即便是在苏美尔的南部地区,人口中也可能掺杂了一些来自西部沙漠的闪米特因子,且这些闪米特因子可能也有早期阿卡德移民的残余在其中,但这些人仅仅是由苏美尔人占绝对统治地位的社会下层而已。在阿卡德人占据数量优势的北部地区,苏美尔人在道德上的优势也是不言而喻的;闪米特人是一个更好战更具血气的种族,但跟南部民族相比起来就如同野蛮人一般,无法与他们的高等文明相抗衡。我们所了解的政治形势同样也反映了这种文化胜利。大洪水后第一个政权落在基什,位于阿卡德境内(可能是因为临近海湾的远古苏美尔中心区域受大洪水影响造成了重大破坏),其中四位基什王均为闪米特名字;然后权力重心转移到南部,落在苏美尔城市乌鲁克,接着继续南移,乌尔城掌握了整个苏美尔地区的宗主权。美斯安尼帕达必是统治着后来被称为苏美尔与阿卡德的两河流域区域。尽管断言他有更广阔的统治辖区缺乏依据,但他和乌

鲁克城的其他先祖们绝对是有实力使邻邦为他们的商队让行的。　*49*
谷物与枣椰,几乎是两河流域仅有的自然产物,同苏美尔的手工制
品一道,被出口到国外去,以换得手工业所需要的进口原材料。通
过这种方式,苏美尔的文化优势当然也得到了宣传,为以后的政治
渗透铺平了道路;位于卡帕多西亚的商站伽内斯(Ganes),我们知
道在阿卡德王朝萨尔贡时期就已经长久存在了,它的起源甚至可
以追溯到乌尔第一王朝,我们也没有理由认为它是唯一一个在外
建立的商业殖民点。如果不考虑这个三角洲王国的对外征服,我
们可以将苏美尔视为一个强大的政治统一体,其结合方式部分依
靠武力,但在当时看来,更大程度上依靠的是为各族人民所共同接
受的文明力量,这种文明力量同时也在深刻地影响着周边民族。

在文明的发展进程中占据领先地位的通常是军事科学和军事
装备。就苏美尔人来说,置身于那些体格更强壮,更好战,将战争
视为消遣的民族之中,知识和艺术方面的优势将得不到继续发展,　*50*
除非他们将自身天赋既用于和平也用于战争,否则将不能抵御这
种文化优势招来的贪婪和觊觎。由于苏美尔人拥有比邻国更好的
军队和武器装备,加之战争在历史中扮演了极其重要的角色,他们
创建了一个帝国。因此对苏美尔人在这一历史阶段的军事组织作
一简要概述还是必要的,尽管这意味着我们必须从某种程度上对
历史作出一些预判。

要重构苏美尔人的军事组织,必须依据公元前四千纪乌尔王陵
出土的"军旗(standard)",乌尔王陵和基什墓葬出土的武器实物,
以及基什的镶嵌装饰。因为在公元前三千纪早期,拉伽什的安纳
吐姆建造的秃鹫碑和纳拉姆辛(Naram-Sin)的石碑,现在都存于卢
浮宫;尽管晚期的图像资料不能为我们所用,但我们有大量的王室
铭文和其他铭文资料,另外,汉谟拉比法典中的某些条款也可以提
供有效证据。

乌尔"军旗"指的是一块马赛克镶嵌板,镶嵌有三层贝壳和青
金石的人物形象,器物年代大致属于公元前3500年。镶嵌板的一
面描绘的是战争场景。最下层是奔驰战场的四轮战车,每辆车由
四头驴牵引——马的使用直到公元前2000年或之后才在两河流域
出现。四轮战车低悬于四个坚实的轮子上,每个轮子由两块夹在一　*51*

41

马赛克装饰"乌尔军旗",大英博物馆
（军旗的其中一面,展示了公元前四千纪的苏美尔军队）

起的圆形木板构成,固定在用以旋转的车轴上;战车的轮胎,从墓　　52
葬实际出土的战车可知,应该是由皮革制成。车身呈方形,在车身
尾部有一较低的踏板,稍微用填充皮革(?)嵌板的木框制成;为了
保护驭手,前方高高地架起两个圆顶的盾牌,在它们之间形成一个
V型谷,缰绳就从这中间穿过。缰绳有时被饰以青金石和银制的
珠子,从一个封闭的控制环中间穿过,一头固定于战车的控制杆
上,一头与银制笼头连在一起;战车中没有马勒,只有一个木头或
皮革打底,表面覆以金属的宽颈圈,这是唯一可以识别出来的马具
元素了。每台战车配有一名驭手,一名士兵;士兵的武器是轻型掷
矛,装在车头的箭袋里。战车实物一共发现有四组,其中两组安装
有尖端分叉的枪托,与甩鞭一同使用,想要获得更大射程可以被卸
下,另外两辆战车安装的是普通枪托,预备混战。中间一排表现的
是步兵团。左端是呈密集队形前进的士兵——可能创作的艺术家
是想表现一个士兵方阵(phalanx)的形象。他们头戴有颊板和下颚
托的锥形铜头盔,下颚托由皮革或银链制成;身着锯齿状裙摆的短　　53
裙,短裙由皮革条制成的束带构成,也可能是缝在腰带上的一圈皮
革条,上面披着厚重的长斗篷,材质有可能是毡(根据上面的点状
花纹来看也有可能是豹皮),诸如这样的装扮应该可以为穿戴者提
供全方位的保护;斗篷在颈部有一搭扣扣起来,自然地垂在身体前
面。方阵步兵所持的武器是短柄矛。步兵方阵的前面是与敌人单
打独斗的士兵,他们的装备很简陋,武器为斧头、短弯刀,或是短矛
加匕首,他们的着装也并非厚重的直斗篷,而是轻便的材料制成的
类似披肩的宽大外衣,套在腰部至左肩;据图板看来当时也有散兵
和轻步兵。顶部第一排的图板表现的是持宽刃矛和扁斧的国王,
立于战车前方,准备接受敌方俘虏。麦斯卡拉姆杜王子的墓葬出
土的那件尤为引人注目的头饰,由金箔制成的假发造型,毫无疑问
是一件王室头盔;然而在乌尔军旗中,国王却是同他的士兵一样戴
着普通的圆锥形头盔。

　　墓葬,尤其是王室陵墓,出土了很多截面为方形的铜矛头实
物,有的铜矛有2.5英尺长。这是乌尔军旗上所没有的武器装备。　　54
军旗中同样没有弓箭手(秃鹫碑上也没有弓箭手;弓箭手只出现在
阿卡德人的文化遗存纳兰姆辛石碑上,由此有人认为早期的苏美

尔人是不使用弓和箭的,他们用乌尔第三王朝时舒尔吉(Dungi)①宣称其"招募乌尔的子民为弓箭手"来支撑这一论断);但在墓葬中我们发现了大量造型各异的箭头,以及装饰精美的弓的残件;虽然有些箭头不大可能在战场上真正使用过,比如麦斯卡拉姆杜墓中的燧石箭头,但其他的箭头又确实是军事武器,因此我们必须承认在公元前四千纪的苏美尔军队中是存在弓箭手武装的。

梨形石质狼牙棒头,典型的苏美尔武器,很长时间后仍被用作权力的象征,但已经不再实际使用。乌尔王陵中发现的唯一一件狼牙棒,是一件铜制狼牙棒,中间为铜柱,四周为密集的小尖刺。另一件残存的武器是一把短弯刀,刀刃为薄铜,由铜闩和金箍与弯曲的木柄相接。在舒卜阿德王后的墓葬中也发现了两件类似的短弯刀,其中的一件与基什贝壳镶嵌画中国王手持的那一件极为相似。乌尔军旗所示国王手中锋利的锛型砍凿器是乌尔王陵中十分常见的陪葬品。此外,虽然马赛克镶嵌板上没有展现出盾牌,但对墓葬的发掘表明当时已经在使用大型的木制矩形盾牌了,盾牌通常装有金属握柄,有的还饰有铜质浮雕花纹。

王室墓葬中,锛、斧、矛都是以纯金打造的;而其他的墓葬中发现的斧头是银制的。银制斧头可能是官员的标志。

到安纳吐姆时期(公元前 2800 年左右),军队编制发生了变革。在秃鹫碑中,战车上并无其他武力装备,只有国王一人登上了战车,这次在乌尔墓地中出土的刻在石灰石碑上的轻型双轮车,年代非常早,但我们并不知道确切的时间;在秃鹫碑的另一处,安纳吐姆没有用车,站在士兵的最前面冲锋陷阵。如此看来,战车好像仅仅用于运输,而不是投入实际作战的工具;军队手持长矛在斜坡前进,并没有与敌人作战;国王独自登上战车控制着缰绳,如果他此时正专注地使用又长又重的长矛,这是不可能做到的。石碑上他左手持长矛高举过头顶,好像正在为追随他的士兵指明道路。此时步兵方阵有所改良。现在由六个人组成的紧密方阵构成,虽然仍佩戴之前的老式铜头盔,但武器装备变成了重矛和斧头,前排的士兵手持矩形盾牌;他们的服饰制作更加精心,着"卡纳斯"

---

① 译者注:音译,今读"舒尔吉(shulgi)"。

(kaunakes)荷叶边裙,抛弃了有保护作用的毡斗篷,将身体腰部以上的部位暴露在外:国王的装束也是荷叶边裙,加一条同样材质的披肩,绕过左肩系在右臂下方,佩戴有假髻和耳朵的假发头盔,与乌尔王陵中发现的麦斯卡拉姆杜的金假发浮雕造型基本一致。秃鹫碑所示战争场景中没有轻步兵,但埋葬死者的任务还是由士兵来完成的,可能是穿"军便装"(undress uniform)的那些,也可能是穿前面开口的短裙,腰间别匕首的随军者。

纳拉姆辛石碑中,服饰呈现出阿卡德风格,武器有投枪、战斧,以及弓箭;正如多山地区常见的那样,士兵们全都赤脚上阵,并没有方阵编制,军队以旗手作为标志,以散开队形前进。

苏美尔人没有雇佣军,每个公民都是潜在的士兵,每个人都有义务参军服役。国王亲自领导他的子民作战,并且在战斗中身先士卒。如我们后来所知,国民军从创立初始便长期存在着一个核心军团;国王可能有一支武装部队(阿卡德的萨尔贡声称每日有5400人接受他的给养),而且还有官员专门负责征兵,征兵官员可能在战场上也担任指挥官发号施令。操练方阵要求一定量的军事训练和军纪作基础。事实上旗手们手中的旗帜意味着军队由数个小单元或数个军团组成,这些小军团的编制可能以地域或宗族为基础,但无论是哪种情况,领头人显然在战争中担任领袖率军作战。城邦正规军装备精良,组织有方,有能力证明自己的实力,且他们参与的战役都是硬仗,决不是像阿拉伯部落冲突那样不流血的小规模战斗:安纳吐姆声称他杀死了3600名乌玛士兵,然而如他所承认的也埋葬了20堆自己士兵的尸体,胜利来得并不容易;阿卡德王朝的里姆什(Rimush)声称在与乌尔和乌玛的对抗中他杀掉了8040名敌军,俘虏了5460人,而在与卡扎卢(Kazallu)的战役中这一数字更高,死亡人数达12650人,俘虏人数为5864人,尽管这些数字可能被严重夸大了,但肯定能说明当时重大的伤亡情况。另一方面,约公元前2750年拉伽什对埃兰发起了突袭,突袭军队仅600人,并不是一场严重的入侵,其结果是埃兰方面仅有60人逃离了死亡和被俘的噩运,这证实了城邦国民军的强大,装备精良,能够在短时间内投入战斗。战争的胜利往往伴随着大规模的俘虏屠杀,没被杀掉的俘虏则转化为奴隶,或被敌方保留以待赎

57

58

45

身。占领一座城镇就意味着掠夺和破坏,当里姆辛占领伊辛(Isin)时,全部人口四散而逃留下一座荒凉的空城:城邦战争的残酷性是苏美尔实力衰退以及最终退出历史舞台的重要原因之一。

这就很容易理解闪米特人的强大影响力,闪米特人最初是作为战争中的敌对方,随后成为共主或占支配地位的盟友,比起苏美尔人间断性的军事努力,他们引入了更彻底的正规化的军事成果。阿卡德的萨尔贡在对外征服时必定需要一支多少算职业军人的常备武装力量,以及进行战利品掠夺的组织机构:乌尔第三王朝同时期的文献材料和汉谟拉比法典反映了早期军事体系的概况,即"军队"的设置是用于护卫君主以及应对突发紧急事件,比如一场不同于"大规模起义(levée en masse)"的征伐。正规军从高级公民中招募,或从中按职权组织。正规军以工资和津贴的方式获得土地赏赐,他们有义务耕种这些土地,否则土地会被充公;土地是世袭的,不能分割转售,要想继承土地,继承者显然必须承担与父亲同样的军事职责;土地持有者离家服役的时候土地归其妻子或儿子管理,土地产出所得的三分之一亦归妻子或儿子所有。大概士兵接受了这样的配额供给——尽管带有"食君之禄"的色彩;如果士兵在战场上被俘,财产足够的话,赎金将从私人财产中支出(不动产除外);如果他是一个穷人,则由当地寺庙负责为其寻找资金,没有寺庙或寺庙未能找到资金的情况下,由国家负责;此外士兵对于民事当局还享有豁免权,这对于一个可能会离家很远的士兵来说这是必要的预防措施。作为回报,国王对他享有绝对支配权:一经召唤便不能以任何借口逃离服役,并且根据法律条文,购买替身代替服役是死罪一条;但在实际执行中有时也可以通过购买"伊尔库(ilku)"税来免除兵役。参与"大规模起义"的服役人群为中产阶级和市民阶级,他们并不是职业的军人;他们负责营地日常事务,也可能作为军队的轻型武装力量。奴隶免服军役。在这一时期再也没有材料提及战车队或骑兵部队了;舒尔吉的声明已经提及"招募乌尔的子民为弓箭手";因此在乌尔第三王朝时期军队建制中已经包括有弓箭手,同早期苏美尔武装一样。这句话也可能另有所指,即这一时期弓箭手主要从非职业军人的市民阶级中选拔,而职业军人专门用于重型武装方阵,这需要更好的纪律和更常规的训练。

雇佣兵制度的直接好处是苏美尔国王可以在人口越来越混杂之时使用闪米特的劳动力，而且毫无疑问乌尔纳姆（Ur-Nammu）领导下的苏美尔复兴很大程度上依靠的就是阿卡德雇佣兵。当然这就使得军队效忠于国王本人，而非效忠于城邦，并且这使得曾经是城市中坚力量的市民阶级逐渐衰弱，失去活力。如今市民阶级在帝国统治下退居次位，战时服役也很少召集他们，就算被召集，他们也可以通过付税的方式拒绝服役。乌尔第三王朝的军队在技术上要比公元前四千纪的军队优越得多，但是苏美尔的国力在此时相当虚弱；这就是常见的军队专业化和雇佣兵役制导致国家衰败的故事。

第三章　城邦混战时期

　　乌尔第一王朝据说持续了177年;不幸的是王表未能给我们提供在此之后的任何证据。根据王表记载,乌尔霸权的继任者是阿万(Awan),此后紧接的九个王朝都是此前不为人知的新兴政权。这九个王朝中某些国王的掌权时间同样十分荒唐,他们在位时间的总和有数千年,这对于我们所知的乌尔第一王朝和阿卡德王朝之间的实际间隔来说,确实过于夸张了。

　　即便是这样我们也没有理由将王表完全视作寓言故事,忽略它的史学价值。这些君主可能确实统治过,他们的名字也确实无误,但在王表中存在着两处错误,一是人物问题,二是排序问题。首先是统治者们不可思议的长寿和在位时长,这可能是由于他们采用了我们无法理解的测算系统,也可能是源于他们必须遵从的天文或其他的体制;第二个错误则是王表中不同朝代按顺序排列,好像

这些朝代是连续的一样,苏美尔书记员自身也意识到这些王朝之间有一定的重合,甚至他们的整个统治时段都处于同时代也是可能的。由于王表应该是记载整个苏美尔地区宗主或霸主的列表,这就很难理解为何要将同时代的王朝都收入其中,以及,为何有些王朝顶多只能算霸权的挑战者,却同样被收入其中,而像拉伽什的安纳吐姆这样的君主,他的统治范围至少广至整个苏美尔地区,却被省略掉了。如果王表中现存的历史仅仅是一种抽象概念,那么我们或许可以认为编撰者如此处理是出于某种动机;亦或者显而易见的是他们受到手头上材料的限制——他们所掌握的史料并不全面,地方性文献记录往往会带有偏见,以偏向某一方的主观视角来狭隘地看待历史事件,对受到影响的相关城市着墨过多,而其他城市则完全忽略。无论怎样我们都不能只去理解王表的表面含

义,而要从王表的内容推断出它想要表达的隐晦含义和我们所缺乏的资料,并且根据其他材料对此加以补充。

　　这段时期毫无疑问是一段城邦混战的时期,一个又一个城邦国家为了宗主权而互相争斗。宗主国频繁更替,争霸各国不是实力太弱无法取得霸权,就是没有能力长时间维持霸权。根据王表,美斯安尼帕达创建的乌尔第一王朝之后的继任政权为阿万,一个明显位于底格里斯河以东的城市,有人提出埃兰人这时也介入了这场权力角逐的游戏。乌尔的没落也要归因于埃兰,而且基什第二王朝之后的哈马西(Khamasi),又一个底格里斯河以东的城市,取得了苏美尔的统治权。我们由此可以猜测这仍是山民对两河流域河谷地区的又一次突袭。然而,有一条线索却变得清晰起来,即北部重新发挥对南部地区的影响力,闪米特因素参与到对苏美尔的敌对和竞争中。宗主权有三次归基什所有,一次归俄庇斯,一次甚至归马里(Mari)——一个幼发拉底河上游远至希特的地方。马里的统治者,不管他们的种族血统是什么,至少在书写方面使用苏美尔语;俄庇斯最初的三位君主也使用苏美尔语名字,其余的均为闪米特名字,基什第四王朝的王名也是如此。当乌鲁克的卢伽尔扎吉西(Lugal-zaggisi)武装反抗基什并在一系列征服战争中取胜,最终控制了上海与下海(地中海与波斯湾)之间的整片土地时,他本该成为苏美尔帝国的创建者,向闪米特人宣布自己的胜利。但北方人又再次兴起了,尽管这导致了两个地区的分裂,分为北部说闪米特语的阿卡德和南部的苏美尔,但却没有一丝混乱,甚至没有对整个两河流域文明造成很大的变动。阿卡德人吸收了所有苏美尔人教会他们的东西;原先明显处于劣势的各个领域,现在都与苏美尔人处于平等的地位,而且在不断学习的过程中他们并没有丢失其坚定和男子气概的种族特性;如果说苏美尔人在哪方面变得更差了,很大程度上应该是他们自己的武器装备。

　　见于独立文献中的一些王名,如麦西里姆(Mesilim),尽管可以印证王表中的历史人物,但苏美尔和阿卡德时代的事件为同时代的铭文及事后依据早期史料所著的《巴比伦尼亚编年史》所证实,是城邦混战时期很晚以后的事了。苏美尔与阿卡德的历史,其真正开端是乌鲁克卢伽尔扎吉西的短暂征服,以及阿卡德萨尔贡的

64

65

兴起;关于这段历史,我们所知的其他细节来源于对特洛遗址的考古发掘。

基什曾出现过一个女性创建的王朝,这位女王名叫库巴乌(Ku-Bau),根据后来的传统,她的出身非常平庸;作为一位旅馆或妓院的管理人,她通过某种无法解释的方式夺取了政权,并持续了一百年(传说如此)的统治。无论在库巴乌的故事背后隐藏着怎样的真相,她在后来的传说中是多么著名的人物,对她统治情况的描述始终极为模糊,因为她所处的时段我们只能通过法国使团在特洛发掘的同时代文献来追溯,而作为实际独立的城邦国家拉伽什,尽管在历史上扮演过重要角色,但其统治者在正典中仍旧缺席,未见记载。考虑到阿克沙克(Akshak)王朝与库巴乌是同时代并存的政权,可以得知库巴乌的统治范围非常有限,当时两河流域的无宗主混乱状态就更明显了。

特洛山丘位于海河(Shatt-al-Hai)河岸,海河是底格里斯河的古河道,可能是恩铁美纳(Entemena)开凿的;这座山丘展现的拉伽什城从未获得过宗主霸权,但在这一时期统治它的王室成员采用了王的称号卢伽尔(lugal),而不是侯的称号帕特西(patesi)。第一位王为乌尔尼那(Ur-Nina,公元前2900年左右),貌似维持了一段和平的统治,因为当时文献记录的事件只有修建神庙和开凿运河,以及修筑都城的防御工事,尽管这有点不祥征兆。除了文献,还有三件浅浮雕,刻画了国王及王室成员,使得他们的肖像得以留存后世。乌尔尼那的孙子安纳吐姆与之相反,是一位好战的王。在拉伽什与北方的乌玛城之间,古来即有的边界争端此时演变成公开的敌对。得到掌握宗主权的基什的支持,乌玛再次宣战,却以失败告终,秃鹫碑记录了安纳吐姆的历史功绩,现存于卢浮宫,可以称得上是镇馆之宝了。乌玛的帕特西被杀害后,双方重新确定了边界,乌玛被迫接受有利于拉伽什的领土条款,被迫向拉伽什纳贡。不满足于击退进犯的敌人,安纳吐姆开始走上对外征服的道路。他声称自己征服了乌尔,在乌尔遗址中确实发现一块写有他兄弟恩安纳吐姆(Enannatum)名字的泥板,以及他侄子恩铁美纳(Entemena)的雕塑;此外他还宣布占领了乌鲁克、基什,俄庇斯的国王也被围攻困于城内;甚至幼发拉底河中游的马里也甘败下风,而东部的埃兰也被他占领。如果这些吹嘘自夸有一定真实性的话,拉伽什国王事实上就是苏美尔与阿卡德之地的宗主,而且他对圣城尼普尔的恩惠看起来也支持了他的自我吹嘘;但是胜利是短暂的,在一代人的时间内乌玛便控制了两地之间的重要运河,用火摧毁了秃鹫碑,打败甚至可能杀害了恩安纳吐姆。不久恩铁美纳扭转了局势,恢复了之前的局面。击败乌玛之后,他委任一名主管持自己的手谕上任乌玛。根据命令,他的任务是控制灌溉水源,以确保拉伽什不会因为缺乏必需的水资源而饥荒;但恩铁美纳不满足于此,又新开凿了数段运河以提供双重保险。有了这些运河敌人便不能轻易入侵了,海河貌似就是其中之一。这也难怪恩铁美纳被心怀感激的子民奉为神祇,在约一千年之后仍有为他塑立的神像。他留给现代人最著名的纪念物,是一件华丽的刻有拉伽什城市标志的银瓶。

    继任的统治者,恩安纳吐姆二世(Enannatum II),是他们家族最后一位统治者,其继任者是城市保护神宁吉尔苏(Nin-girsu)的大祭司。根据现有的档案文书,这两段统治时期拉伽什享受了一段和平的时光,我们看到即使是乌玛这样的宿敌,也可以居住在拉伽什,充分行使宗教权和公民自由权;但这种和平有可能是强迫的,因为此时基什王看来已经重新掌握了南部的宗主权,并插手当地管理者的委任事务。这样的历史时期对于这个地区来说社会问题的出现是很正常的,物质的繁荣加上权力中心距离遥远,地方当局的依赖性和自身的不确定性导致了全盘腐败和富人对穷人的压迫。最后,一个强有力的人,乌鲁卡基那(Uru-Kagina),夺取了政权不再效忠于基什,宣布自己为拉伽什之王,并且同其他以类似方式上台的君主一样,他发现巩固统治地位、赢取民心的重要措施就是颁布一系列法令,再废除对下层阶级的压榨剥削。他的大部分改革都是针对敲诈勒索的祭司:大祭司不能再"进入一个可怜母亲的园林,不能随意取这里的木材,也不能对这里出产的水果征税";安葬费也高得离谱,应该减少到小于五分之一;僧侣和高级官员禁止享受他们管理下的神庙收益,禁止将寺庙土地和牲畜占为己用。"如果国王的子民有一头驴出生了,国王说'我要买下它'",或者"如果一位大人物的宅院与国王子民的房屋相邻,大人物对

68

69

70 他说‘我要买下它’”，则该主人有权拒绝出售，或者，如果他想要出售，可以对购买者说“你要支付足够的白银，既能使我的心满意又能使我的房子满意”。这便是乌鲁卡基那吹嘘的“他赐予其子民以自由”。

由于乌鲁卡基那使用的王号为“拉伽什与苏美尔之王”，此时他必定已将尼普尔和其他构成恩铁美纳王国的南部城市纳入了统治范围；但乌鲁克是否纳入其中还没有证据可以证实，也没有任何描述其战绩的皇室铭文。乌鲁卡基那的仇敌在神庙建筑中发现了一个出口，在他短暂的统治中必定重修过拉伽什境内所有的神殿；因此那些因他的改革热情而饱受痛苦的祭司们也不能指责他缺乏对神的虔诚。乌鲁卡基那在位的第六年，他的统治便走向了终结。乌玛的军队对拉伽什发起了无缘由的突袭，控制了城市，杀死了国王，烧毁了他最新修建的神殿，取下了他的保护神宁吉尔苏的神像。一首拉伽什的祭司或书吏写就的挽歌记录了这场灾难，法国使团在特洛山丘发掘时在建筑废墟中发现了它：

> 这些乌玛人放火烧了埃基卡拉（Eki-kala），他们放火烧了安塔苏拉（Antasurra），
> 他们抢走了白银和宝石。
> 他们让提拉什（Tirash）的宫殿血流成河，他们让阿普苏班达（Abzu-banda）血流成河；
71
> 他们让恩利尔和太阳神的神殿血流成河；
> 他们让阿库什（Akush）血流成河，
> 他们抢走白银和宝石……
> 他们让阿普苏埃伽（Abzu-ega）血流成河，他们烧毁伽吐姆杜格（Gatum-dug）的神庙；
> 他们抢走白银和宝石，毁坏雕塑……
> 他们抢走吉纳尔巴尼鲁（Ginarbaniru）的谷物，抢走宁吉尔苏土地上的谷物，它们还在培育之中！
> 这些乌玛人，掠夺拉伽什，犯下了对宁吉尔苏的罪行！
> 他们得到的权力也应该被夺去！
> 至于乌鲁卡基那，吉尔苏之王，他没有任何罪过。

> 但卢伽尔扎吉西，乌玛的帕特西，愿他的女神尼达巴（Nidaba）
> 将一切罪行扛在自己头上！

卢伽尔扎吉西，乌玛的帕特西，继毁灭拉伽什之后，又发起了一系列的征服战争，最终成为了整个三角洲地区的霸主。南部城市看起来并未费多大力气便臣服于他，因为他接受他们的保护神为自己的神祇；至于卢伽尔扎吉西本人，则是乌玛的谷物女神尼达巴之子，由阿达卜（Adab）的母神宁胡尔萨格抚养长大，由拉尔萨（Larsa）的太阳神巴巴尔（Babbar）、乌尔的月神辛（＝南纳 Nannar）选中的国王，他赏赐这些神的神庙，对尼普尔和乌鲁克青睐有加，将王庭迁至乌鲁克，并将乌鲁克定为国都。他声称自己征服了从 72 波斯湾至上海或地中海的区域，对此我们没有理由怀疑；但奇怪的是他没有提及任何针对基什的战争，基什处于卢伽尔扎吉西顺流北上的必经之地，并且可能对其构成威胁，更何况他的政治生涯是从臣服于基什诸侯王开始，而现在竟然公然挑战基什的宗主权。究其缘由，可能是由于他充分利用了在都城发生的内乱。萨尔贡，基什王乌尔扎巴巴（Ur-Ilbaba）的持杯者（传说故事记载），他发起了叛变自立为王，并在一个新城阿卡得（Agade）建立了国都；由于卢伽尔扎吉西似乎已经与萨尔贡缔结了友好关系，他也就放任萨尔贡的叛变，并得意于分裂对闪米特城邦的削弱。北方的闪米特化使其成为一个文化上截然不同的地区，这股与南部抗衡的阿卡德新兴势力催生了苏美尔人的民族主义精神。卢伽尔扎吉西便是以苏美尔民族英雄的姿态出现的。除此之外没有任何理由能解释为什么他能如此轻易地便获得了南部城市的归顺，他的政治手段当时看来是十分独特的，他对南部城市的神祇显示了足够的尊重，而且最后与阿卡德一决雌雄的时候，有至少 50 位苏美尔城邦统治 73 者追随卢伽尔扎吉西一同作战。他将都城迁至乌鲁克实为获取民族主义支持的一种手段；因为乌玛没有霸权传统，它的上升无法安抚当地的反对势力，反而会成为永久的隐患，而乌鲁克作为最古老的南部王朝，采用"乌鲁克之王，乌尔之王"的王号就是苏美尔统一体的象征。

卢伽尔扎吉西对西北的胜利，仅能称之为一次并未获得永久成 75

秃鹫碑,残件,卢浮宫
（上半部分是安纳吐姆在方阵中冲锋陷阵;下半部分是战车上指挥军队行军的
安纳吐姆）

纳拉姆辛石碑，卢浮宫
（国王纳拉姆辛领导阿卡德军队作战，击败了卢鲁布山区的原住民）

公元前三千纪早期的一位苏美尔统治者的小雕像,大英博物馆

乌尔尼纳的石灰岩浮雕,卢浮宫

89　　果的突袭,因为在后来的三至四年里,他所征服的土地不再效忠于他,而是臣服于萨尔贡。这位阿卡德的新兴国王是一位不同寻常的人。没有家人——据说他不知其父为何人,据此猜测他的母亲可能是寺庙神妓人员——刚出生就被抛弃,被一名贫穷的园丁拯救并抚养长大(所以,在传说中,他以第一人称讲述自己的故事),他后来成为国王的持杯者,通过叛乱夺取了王权;他找到了一个日益衰落并缩减至城邦规模的王国,将其定为都城,开创了两河流域前所未有的最伟大的帝国。

74　　　　萨尔贡好像一开始就已经意识到阿卡德的软肋在北方。苏美尔与阿卡德曾经实现过统一,尽管种族区分比之前明显得多,现在可能还会再次统一起来,虽然他非常想吞并南部地区,但也应该等待时机而为之。如果苏美尔对它的独立性保持沉默那就没什么要紧了,而确保其保持沉默的最好方式就是在其他方面增强自己的实力;要想打破卢伽尔扎吉西的联盟可能会付出沉重代价,而且可能得不偿失,因为苏美尔和阿卡德仍处于北方野蛮人的摆布之下,首当其冲的便是阿卡德而这就是关键——无论何时他们都必须依靠北方人,因为三角洲必须从北部进口奢侈品和大量的生活必须品,而这些陆上商道随时都可能被切断。为了能够自给自足,南部苏美尔必须扩大自己的领土。所以萨尔贡给了卢伽尔扎吉西一个喘气的机会,把扩张武力转向其他方向。

　　　　他首先攻陷了幼发拉底河上游远至马里的地区,然后继续向北推进两河之间的区域,也就是现在的巴格达所处的位置,并袭击了亚述,阿淑尔遗址的出土情况也反映了他曾洗劫过这座城市;以亚述为基点,他进而往东,依次征服了基尔库克(Kirkuk)和阿尔比尔(Arbil)地区,以及扎格罗斯山区的古提人。以德尔(Der)——巴格达东部为基点,他转而向南至马尔吉乌姆(Malgium),即介于底格里斯河和波斯山脉之间的地带,接近阿玛拉(Amara),可能就是在这里他对苏美尔发起了突袭,并攻陷了拉伽什;此外另一场战役将萨尔贡的势力向北推进至小亚细亚高原的迪亚贝卡(Diabekr)地区。萨尔贡现在可以说彻底巩固了他的地位,已经准备好对付卢伽尔扎吉西了;他入侵苏美尔,打败了苏美尔联军,俘虏了国王卢

76

伽尔扎吉西,带至位于边界的尼普尔城。① 乌尔城显然进行了抵抗,但最终仍然被攻陷,城墙被夷为平地。乌尔城的抵抗必定是不屈不挠的顽强抵抗,因为纳兰姆辛,萨尔贡之子,在描述此事时,便是用对乌尔城的陷落来象征整场战役的成功,他如此称颂父亲的功绩:"摧毁了乌尔城,解放了基什人民"。乌玛城的陷落瓦解了最后的抵抗势力,战争结束后,阿卡德士兵在波斯湾清洗他们的武器。

但萨尔贡对南部地区的统治政策没有任何强硬和暴政痕迹,即便是顽固抵抗的乌尔城也并没有因此而遭罪。在苏美尔有一项惯例,即在位国王的长女担任乌尔城保护神月神南纳的最高女祭司。这一惯例最晚延续至公元前六世纪新巴比伦的那波尼德(Nabonidus)时期,在宁伽尔(Nin-gal)神庙发现的一块公元前3000年后不久的石灰岩浮雕显示,这项惯例可以追溯至非常早的时期,而该神庙出土的另一块雪花石铭文浮雕,向我们展示了恩赫杜安娜(En-khedu-anna)公主的肖像,她是萨尔贡的长女,同样担任乌尔女祭司职务。由此可以明显看出萨尔贡在煞费苦心地安抚苏美尔人的宗教情绪,他的继任者们也延续了他的做法,赋予苏美尔神庙以荣誉。阿卡德人全盘借鉴了先进的邻国苏美尔的物质文明。奇怪的是他们对苏美尔宗教的接纳也达到相当的程度,接管他们的万神殿"*in toto*",他们的宇宙论,他们的传说,甚至很少尝试将任何闪米特文化因子混杂进苏美尔血统中。

但是他们政治上的主导地位,不仅增强了闪米特人的重要性,也从数量上增加了南部地区的闪米特因素,当然也就不可避免地造成了文化变革。闪米特名字开始更加频繁地出现在官员的名字中;古老的苏美尔服饰,尽管仍在仪式中使用,但在日常穿着中让位于北方装束,一种宽大长袍(chiton)或长衫,长袍之上系一条边缘饰有流苏的大披肩,从左肩绕一周至右臂下方,女性的服饰则是一种饰有数排褶皱或荷叶边的长衣,长度从颈部至脚踝,而且她们的头饰也有了变化,长发与金带一起交叉编盘至前额,盘发上方饰

77

78

① 这一说法依据是萨尔贡征服的地理清单。这种说法背后肯定有一个连贯的故事,但这故事可能并不完整,而且并不能与其他的文本相互印证。

有椭圆的金盘额饰;甚至滚筒印章也发生了显著的变化,在乌尔,印章的巨大尺寸以及大胆的切割与我们初次见到的萨尔贡时期墓葬出土的印章明显不同。著名的纳兰姆辛石碑,在另一领域显示出阿卡德文化工艺的影响。石碑大部分是苏美尔式的,如果没有苏美尔雕塑技术的训练是绝不可能雕刻出来的,但其中加入了一些新的因素。石碑上图案的自由组合与代表南部艺术特征的整齐、有序性,形成了鲜明的对比。对于独立的人物形象,苏美尔人可能以同样的方式来刻画,但对群体进行刻画时,他们可能会以标准的方式安排人物结构和画面层次,他们的构图惯例对于特殊视角的表现来说过于固定化、程式化了,比如我们在石碑中看到的山地战场景;这里的创新精神来自于闪米特,而这种绘画艺术的变革,便是终结苏美尔人优于闪米特人之论断的最强有力的例证。但从本质上说这仍然是苏美尔文明和苏美尔艺术,随着阿卡德君主们的对外征服,这种文化扩散传播开来,给近东地区带来了深远的影响。

巩固了三角洲及周边地区的权力之后,萨尔贡开展了一系列的对外战争。向东他征服了埃兰,向西他远至地中海,越过叙利亚向南远至黎巴嫩(Lebanon),甚至有人认为他已经征服了塞浦路斯(Cyprus)岛。"战斗之王"(King of Battle),一个关于萨尔贡的传说故事,其版本在埃及的阿玛尔纳(el-Amarna),卡帕多西亚的博加兹克渭(Boghazkeui),以及两河流域多处均有发现,它提供了更多关于冒险远征的描述。在卡帕多西亚某处(可能是伽内斯)建立了贸易聚居地的商人一直以来受到当地统治者的压迫,萨尔贡收到商人们的控告后,便穿过陶鲁斯(Taurus)山脉,带领他的军队进入小亚细亚的中心;在回程的路上,他小心地携带了多种植物样本,有树木、藤蔓、无花果、蔷薇花等,以适应阿卡德王朝本土的生长环境。

毫无疑问这些对外战争的主要动机是商业性的,是为了控制商路及货源。国王本身也没有将此神秘化。玛尼什吐苏(Manishtusu),继萨尔贡之后的第二位阿卡德统治者,留下了一份凯旋碑文,描述了他战胜南部埃兰32位王子联军的英勇事迹,也因此占领了他们的银矿和用以制作雕塑的闪长岩矿石。城邦间的较量迫使这

79

80

位野心勃勃的君主建立一支常备军,这的确大大有利于扩张政策的推行,因为当国内太平时,这支队伍便能用于对外征服,而不会给国内经济造成混乱。这些征服战争不再是纯粹的突袭劫掠,至少他曾经做过这样的尝试:将新占领的领地组织起来成为新的附属地,中央委派或从当地可靠的家族中选取统治者进行管理;地方统治者扮演诸侯的角色,听从阿卡德王的统一召令。我们没有理由认为这是完全的创新之举,因为在此前有帝国野心的统治者已经有过类似的举措,但阿卡德王朝的大规模征服扩张使得这种政策成为必然,且同时代留存的档案文书也证明了这一措施的实践。对于苏美尔的古老城市来说,起安抚和调解作用的正是阿卡德的政策。我们看到萨尔贡的长女被任命为乌尔的最高女祭司;还有对乌尔、尼普尔等地神庙的献辞,表明　81　这位领主煞费苦心地与苏美尔神祇及其信奉者保持友好关系,当然苏美尔是阿卡德帝国商业扩张的充分受益者。但是,不管是国王的恩惠还是物质上的繁荣,苏美尔人都不能甘心接受曾被他们统治教化过的闪米特人的统治。最终,萨尔贡的统治终结于一次起义,苏美尔在乌尔城的领导下参与了这次叛乱。

　　萨尔贡的继任者里姆什重新夺回了阿卡德的统治权,重创乌尔,并抓走了许多俘虏;但事实是我们在乌尔城发现了他献给南纳神庙的花瓶,这说明一旦叛乱被镇压下去,国王又重新施行怀柔政策。他和下一任国王玛尼什吐苏均发动过对埃兰和东北国家的战争。里姆什在乌尔的花瓶便是来自于"苏萨城的战利品",而且在苏萨发现了一些国王的小雕像残件,是里姆什委任的埃兰帕特西为他雕造的。玛尼什吐苏还记录了对安善(Anshan,苏萨的一个行省)的胜利,以及对南部国家 32 位国王联军的胜利。但是纳兰姆辛即位后也同样面临苏美尔人的叛乱,这次叛乱为首的是伊普胡　82　尔基什(Ipkhur-Kish)统治下的基什。值得注意的是,同乌鲁克这样纯粹的苏美尔城市一道参与叛乱的还有西帕尔和其他的阿卡德城镇,因此,我们通常不会将叛乱仅归结为苏美尔的民族主义。纳兰姆辛不仅镇压了这些起义,而且还将领土范围扩张至萨尔贡时代已知的最远的边界,并持续了长达 55 年的统治时间。著名的纳兰姆辛石碑记录了对底格里斯河东部扎格罗斯山区的卢鲁布

(Lulubu)的一场胜利。卢鲁布人既不是苏美尔人,也不是阿卡德的闪米特人,但是根据一份描述苏美尔人宗教场景的塞瑞普尔(Seripul)铭文,可以得知苏美尔文化经由阿卡德的武装军队向四处有力传播开来。在迪亚贝卡附近的侯赛因岭(Pir Hussen)出土了一块纪念纳兰姆辛征服这片地区的石刻,在拉伽什也发现了对他的描述铭文"阿玛努和伊卜拉的毁灭者(the smiter of Armaru and Ibla)",也就是叙利亚北部和黎巴嫩地区。他还征服了埃兰,入侵了马根(Magan),这些地区都是出产精良的雕刻石材的,可能位于波斯湾的西岸。此外,同萨尔贡一样,他也征服了卡帕多西亚:"宇宙四方都臣服于他"。

83   虽然在苏美尔出现了动乱,但纳兰姆辛仍将南部地区的统治权委派给一些从名字看来曾经是苏美尔人的官员,而且这些城市享有很大程度的独立性,这种独立性的程度堪比卢伽尔乌舒姆伽尔(Lugal-ushumgal)——拉伽什的帕特西。尽管他承认阿卡德统治权,但却敢于以自己的任期来标记档案文书的日期;与此同时他向阿卡德上缴沉重的贡品,有谷物、牛羊、金银、盐和鱼,而且工匠们还必须到都城阿卡得去做"苦工(corvée)"。南部地区在宗教上的优越性体现在纳兰姆辛对萨尔贡开创先例的继承上,他将自己的外孙女任命为乌尔的月神庙祭司,而且他还热衷于重建以及修缮苏美尔人的神庙,尼普尔、阿达卜(Adab)、西帕尔等地均有他留下的建筑痕迹。苏美尔传统也证实了这位统治者的神化,纳兰姆辛同时代出土的大量铭文无一例外地均给他冠以神的名号。

    纳兰姆辛的继任者为沙尔卡利沙里(Shargalisharri),在他统治期间,又发生了新的动乱,北部和东部发生了叛乱。有文献提及两次与古提人交战,但均未取胜。沙尔卡利沙里逝世后,古提人席卷而来,攻占了河岸地区,萨尔贡王室创建的帝国就这么不堪一击地

84 崩塌了,只剩下孱弱的一丝王族血脉还保有对都城阿卡得的统治。尽管乌鲁克一度吹嘘领土仅限一隅的独立,但整个国家已被来自北方"不知何为王权"的蛮族推翻,苏美尔书吏在沙尔卡利沙里之后的王朝世系表中绝望地写道:"到底谁才是王,谁又不是王呢?"这次入侵后出现了一段时期的无政府状态,关于这次权力真空没

有任何文献记载；但古提人适时地设立了自己的国王，其统治范围的确将整个三角洲地区囊括了进去。

　　正因为苏美尔文明自身的强大，才使得它从这场使整个国家的政治组织走向终结的灾难中幸存下来未受任何损伤。毫无疑问，阿卡德，引发了古提的第一次大规模入侵，也因此遭受了最严重的物质破坏，但是苏美尔，却几乎被古提人彻底摧毁。神庙颂词悲痛地记录了古提人在尼普尔、阿达卜、乌鲁克，以及基什神庙所造成的侵害，即使因时代的不幸其他苏美尔城市遭到荼毒的记录未能得以保存，但沉默的控诉也同样有力。古提人统治的 125 年期间，经济文书和艺术作品同样十分缺乏。然而苏美尔人却"制服了野蛮的征服者（*capta ferum victorem cepit*）"，不久之后古提国王们也开始在神庙中献祭，把祭品奉献给曾经被他们掠夺过的苏美尔神祇，苏美尔人也被任命为这些城市的帕特西或统治者——古提人，他们无法胜任如此复杂的行政管理岗位，我们必须如此假设——而且整个国家所依靠的对外贸易也恢复了其原有的重要性和触达范围。随着征服者对苏美尔文明的吸收，或者说被同化，他们也允许苏美尔城邦恢复了不少的自主权；对拉伽什的发掘显示了他们在活跃的当地统治者的领导下享受了怎样的繁荣，这种繁荣一直持续至古提时期结束。

　　乌尔巴乌（Ur-Bau）——第一位有功绩留存的拉伽什帕特西，是一位伟大的神庙建筑家。在他为宁吉尔苏修建的神龛中，他为神奉献了一尊他本人的闪长岩雕像，目前收藏于卢浮宫。他能够这样做，以及他的继任者们使用自己的纪年方式，都证明了当时古提虽然作为霸主，但对其他城市的统治是很松散的。之后的一位统治者，古地亚（Gudea），其漫长的统治时间可以追溯到公元前 2400 年，是苏美尔历史上的著名人物之一。与他相关的大量文献，记载的多为商业活动和神庙建筑，这些文献只提及一场战争，那就是对来自安善的埃兰人的入侵进行的防御反击。很明显此时的拉伽什是在古提统治下的邦国，军事作战并不在这些从属的地方统治者的职权范围之内，同样我们可以明显看到此时国内是相当和平与繁荣的。商路畅通，对外贸易像阿卡德王朝萨尔贡时期一样继续自由开展；古地亚修建神庙所用的原材料，来源十分广泛，涵盖了

85

86

所有两河流域的邻近邦国,从埃兰至地中海,从波斯湾至陶鲁斯山区。如果说王室铭文证明了当时国际贸易组织在实际运作中确为有效,那么同时期大量的私人经济文书则证明国内贸易同样顺畅无阻和繁荣。但最值得我们重视的还是古地亚艺术赞助者的身份。他的 18 座雕像仍屹立至今,全都是他为自己在拉伽什所修的神庙供奉的。其中的一尊,古地亚被塑造成一名建筑师的形象,整个雕像呈坐姿,在他的双膝之上有一块泥板,泥板上刻有一座神庙的平面图。自恩铁美纳的时代以来,圆雕艺术有了显著的进步。雕像的重心靠下,人物呈蹲坐的笨重姿态——这是大型雕刻中极为87　常见的错误,在某种程度上是由于材料本身的限制。闪长岩是以天然的圆石形状进口的,大型的闪长岩极为罕见。雕刻艺术家急于强调雕刻对象的重要特征,就很可能在这种意愿的驱使下过分突出头部,使得头部与受到材料限制的躯干相比过于夸大。尽管形态笨重,姿势僵硬,但对肉体的细节处理体现出来的精湛技术可以完全弥补这一缺陷。肌肉组织被写实地雕刻出来,但却并没有任何像亚述艺术风格那样使整体大为减色的恶劣夸张;由于如此设计的轮廓线条获取了力量支撑,雕刻师便沉溺于相比之下可能会被认为是几乎病态的细腻手法的造型之中;可能在其中也有艺术家忠于本性的成分,柔和的肌理下掩盖着人物潜在的力量,这也展现了苏美尔人的悲剧。奇怪的是,艺术家并不关心外在的衣饰,将衣服表现得像护套一样,并没有特别的动人之处,将身体包裹得严严实实。有一点必须记住的是,在这里艺术本身并不是一种追求,而是服从于宗教目的,受到古老而严格标准的限制。在这样的条件下,艺术家还能达到这样的美感与真实度,实在是令人惊奇。

　　自从萨尔泽克(Sarzec)在特洛发现了第一组 12 尊雕像,这批88　雕像与一起被发现的浅浮雕碎片就被视为苏美尔艺术作品的典范,而古地亚时期也被视为是纯正的苏美尔文明的最好例证。不仅仅如此,在特洛出土的经济文书中,出现了大量的闪米特名字,甚至在宗教文献中还采用了闪族语的措辞。很明显此时远至拉伽什这样的南部地区,人口也已经变得越来越混杂,闪米特种族成分已经强大到足以与古老的,曾经敌对的苏美尔人持平的程度——

苏美尔人可能更强大一些，足以淹没其他的种族因素。苏美尔文明最开始对阿卡德人施加影响，然后是古提，同时保持自己的发展进程不被内部的变节者所影响，但南部地区的政治独特性正在一步步地逐渐削弱。

　　这个过程在当时一定是显而易见的，并且唤起了苏美尔人的不满，他们绝不会不经任何斗争就放弃自己的传统优势。古地亚的文献记录对政治保持着奇怪的缄默，甚至连这一时期的编年史也只是为人臆测——没有任何古提为宗主的记录，也没有任何同时期其他城邦帕特西的记录，但是毫无疑问，古地亚在有生之年看到了古提暴政的终结。这一终结便是苏美尔的复兴。乌图赫伽尔（Utu-Khegal），乌鲁克的帕特西，起兵反抗"众神之敌"并宣布苏美尔的独立。这典型地表明，宣言中"苏美尔"这个词第一次被用来形容统一的南部地区。古提国王梯雷根（Tirigan）试图采取妥协和解措施，选派了两名使者前往乌鲁克，一名苏美尔人，一名阿卡德人——他对后者的选择说明当时阿卡德人在南部占有多么重要的地位——但这一举措以失败告终。在此后的一场战役中，梯雷根的士兵弃他而去，他自己被都布鲁姆（Dubrum）的村民囚禁起来，最后交给乌图赫伽尔，古提的武装势力被驱逐出境。乌图赫伽尔登上王座，享有国王称号，在各城市任命当地统治者进行管理，实现了苏美尔王朝的复兴，或者说继续了萨尔贡的帝国组织。

89

拉伽什王古地亚的滚筒印章

乌尔第一王朝开国君主美斯安尼帕达
的妻子，宁杜穆宁的天青石滚筒印章

舒卜阿德王后的天青石滚筒印章

阿卡德国王萨尔贡之女的仆人的滚筒印章

拉伽什帕特西古地亚之子——乌尔宁吉尔苏的雕像

第四章　苏美尔人的社会

在处理乌尔第三王朝统治下的苏美尔政治复兴这一议题之前，我们或许应当转而研究已经在南部美索不达米亚成长起来并在以后较稳定时期为立法所定型的社会机制。虽然有时追踪这一机制的成长或阐明它的早期阶段是可能的，但无疑通常一些古老的习俗只是在相对晚近的文件中才首次为人知晓。并且直至目前，尽管我引用了这些材料，但接下来本章的叙述都仅仅是对事件做出的预判和推测。因为，不管怎样，这是一个赋予其历史以价值的民族的生活和思想，对他们的描述不至历史终结便不能戛然而止。这一章节是对苏美尔最后但最辉煌时代的描述，如若缺失，则对这一时代的真正伟大之处将难以理解。

城邦混战时期随着乌尔第一王朝的崩溃而结束，而乌图赫伽尔统治下的苏美尔复兴见证了民法的演变和发展。如果说这是由无政府状态的混乱导致的结果，听起来似乎有点荒谬，但确实有证据表明无政府状态导致了少数人对多数人的压迫，而对于一个权力觊觎者来说，最好的政策就是通过改革和重新执法来安抚他的大部分国民。著名的汉谟拉比法典，其文本发现于苏萨，现藏于卢浮宫，虽然这是在约公元前 1900 年苏美尔文明消失之后，由一位闪米特国王起草的，但它有助于了解我们所关心的时段。这部法典显然不是巴比伦国王制定的一系列专制法令，而是对古老的局部地区或当地法典及旧俗的编订，同时它所体现出来的传统，与我们所知的巴比伦文明的其他方面一样，都是直接来源于苏美尔文明。汉谟拉比法典也并不是第一部帝国性质的法典。乌尔第三王朝的国王舒尔吉曾起草颁布了一部法典，汉谟拉比法典基本上是直接借鉴于此，在他之前还有其他的法典，比如乌鲁卡基那法典。伊辛国王将这些法条汇编成法典,著名的法律条文集"尼萨巴与哈尼法典"可能就出自于这一时期;这些泥板碎片发现于尼普尔和乌鲁克。此外,每座城市都有其自身传承的法律,这从大量的法庭决议中可以见之,跟我们今天的"习惯法(Common Law)"有点类似,这些习惯法也同样被汉谟拉比吸收借鉴,并没有被他废弃;因此在判决一个案件时,汉谟拉比时代的法官可能会给出这样的裁定——"西帕尔的公民法适用于当事双方"。汉谟拉比法典唯一专制的地方在于将这一源自地方法律,且使用范围限于局部地区的律法应用于全国。随着他们活动范围的扩大,为了利于法典更好地为更多民众接受,适当的修订是允许的,有时甚至是必要的,同时鉴于此时苏美尔人在闪米特人的席卷之下已经式微,所以对法典的修订是既受到闪米特精神启发也迎合了闪米特精神。将古老的苏美尔法典与汉谟拉比法典相比较,我们可以看到闪米特人倾向于对某些罪行施以更严苛的罚金,尤其是冒犯家庭关系神圣性的罪行更是如此。通奸的当事人双方都将处以死刑,而在苏美尔律法中这不值一提,甚至还不足以离婚;窝藏本隶属于王室或自由民的流亡奴隶是死罪一条,而在苏美尔律法中则是以实物偿还,或处以 25 舍克勒的罚款;奴隶如果反抗主人行使权利,根据汉谟拉比法典,会被处以割耳之刑,而根据苏美尔律法则仅仅是被转售。但是从其允许如此严厉的处罚存在,我们可以得知汉谟拉比法典体现了一种非常公平的法制理念,而这种法制观念正是苏美尔人逐步发展形成的,并且正是在这种法制观念下才成就了如此高度组织化的繁荣文明。法典的实际施行某种程度上可以从大量记载了法律判决、合同、交易记录等内容的私人泥板文书中加以推断。事实上公民生活的一举一动,包括买卖、借贷、合同、遗产、收养、婚姻、离异等都是法律问题,同样地应该以正式的文字记录下来,并经由证人盖章确认。任何此类主题的纠纷都需要在法庭出具原始凭证,尽管如此书面证据可能还会用口头的宣誓作证作为补充,有时还必须被口证替代,然而要使交易真正合法,"那块泥板"才是至关重要的。汉谟拉比时期有民事和宗教两种法庭,之所以如此是因为每个神庙都是主持正义的地方,且每位祭司都有权宣判决议,但仍然有国王任命的正式法官和一些高级官员如城市的市长,以及担任省长的帕特西或伊沙库(ishakku),他们都

92

93

享有司法权；在所有案例中，如果有上诉，最高司法权归国王所有。

法律案件中接受原告首次诉讼申请的是一位叫做玛什基姆（mashkim）的官员，他并不是严格意义上的地方法官，而是一名仲裁人，他的职责就是尝试在正规的法律程序之外促成当事人双方达成协议以解决纠纷。如果玛什基姆的努力未果，或者这桩案件在该省足够重要，就需要求助于由正规法官主持的正式法庭，法官叫作迪库德（dikud），通常是两到四人，玛什基姆与法官一同审判该案件。两名当事人以及出庭证人在"以国王之名"的誓言下作证，并且在审判过程中法官会援引之前的司法先例。一旦判决以文字形式记录下来，法官便禁止更改，如果更改了判决，法官就会被处以罚金并解职，但该裁决可能会在向高等法庭上诉后出现逆转。法庭巡警在法官的指挥下负责执行判决；尽管在大多数案件中执法可能采取罚金或没收财产的形式，但在袭击伤人案中的法律条规是"以牙还牙，以眼还眼"，这通常可能是由政府官员来执行；对于严重的罪行死刑亦较为常见，而肉刑不仅作为报复性措施使用，甚至对某些特定的罪行也处以肉刑。每次这种判决必须以书面方式记录，法庭书记员以简明的方式起草庭审记录，录入该案件的关键信息、当事人和证人的名字以及审讯的结果，并加盖相关各方的印章以示合法，最后编入法庭或神庙的档案之中，作为以后案件可参照的先例。庭审记录有时会用泥封封好，泥封上有对案件的简要总结，以及证人的印章。很明显，在古代苏美尔，正义是每个人触手可及的，在这样的环境下好讼的公众可以充分利用国家给他们提供的便利条件；通过对伪证的重金处罚以及维护自由上诉的权利，国家尽最大的努力来抑制法庭的滥权行为。

但是在法律面前公民并不是绝对平等的。汉谟拉比法典划分出几种特定的社会等级，如果我们认为晚至公元前 1900 年才对这种等级有了首次明确定义的话，那他们在此前便已经存在了，并且很可能是从原始时期遗留下来的。全国的人口被划分为三个等级：贵族阶级阿维鲁（amelu）①包括所有的行政官员、祭司、常备军

①　由于阿卡德语地区方言和各时期用法不同，"awilu"与"amelu"都可用于表示"人，贵族阶级"，前巴比伦时期标准读法为"阿维鲁 awilu"。——译者注

中的士兵；市民阶级穆什钦努（mushkinu），商人和店主、教师、劳工、农民、工匠，都是自由民，但地位要低于贵族阶级；最底层的是奴隶，无论是战俘奴隶、市场购买的奴隶，还是家生奴隶，都与其主人的动产同样具合法性。在这些阶级之间，法律的规定有很明显的差别。对阿维鲁犯下的罪行所受到的惩罚远远重于对受害者是第二等级所受的惩罚；意外杀死一名贵族需要赔偿 1/2 明那白银，杀死市民则只需要 1/3 明那；如果殴打贵族的女儿导致其流产，需要赔偿 10 明那，而市民的女儿则只需要赔偿 5 明那，如果将这名女子殴打致死，那么将贵族的女儿致死的施暴者自己的女儿也当被处死偿命，若是普通市民的女儿则只需要赔偿 1/2 明那的白银。另一方面，在这种暴力事件中，如果阿维鲁是施暴者，他所受到的惩罚要比其他两个低等级更加严重，而且"以牙还牙，以眼还眼"的规则同样适用于他，而穆什钦努则只需要赔偿一些罚金。此外，他还以其他方式为其高等级的社会地位付出代价，贵族成员所需支付的医疗费是普通市民法定医疗费用的两倍。有人指出贵族阶级与其他阶级的区别从根本上说是种族差异，贵族阶级代表具有征服性的种族，而市民阶级代表服从的种族，当然我们必须承认的事实是，市民阶级的数量随着奴隶的解放而不断地增加，而这些奴隶是来自不同种族的；但这就很难解释为什么一个征服性的种族要给自己施加这些不利条款，使得阿维鲁贵族阶级受这些法条之苦呢。而且事实上苏美尔贵族并没有形成一个封闭的种族集团，原因是我们不断发现含有闪米特名字的人们担任着那些具有尊贵地位的职务。我认为更大的可能性是这种等级制度起源于最初的军队编制。奴隶不会被用于战争，因为一旦他们被武装起来就会对国家的安全造成威胁。穆什钦努有义务参与大规模征兵（levée en masse），并且可能在战场上担任辅兵（camp-follower）或后勤部队（transport-worker），以及轻装步兵，当有外敌入侵时他们也会被征召入伍为保护家园而作战。但阿维鲁却出任国家常备军行列，成为整个国家的支柱；正因为他们的生命比那些非作战公民的更加宝贵，所以他们也应当享受他们为之奋斗的特权；但由于军队的有效性在于军纪的严明，所以他们犯下的罪行会比其他人犯下的同等罪行后果更严重，处罚也更严酷：值得注意的是阿维鲁与穆什钦

96

97

努之间法律条款的区分仅存在于对人有影响的事项,在这些案件中个人的价值才是真正关注的核心问题;但当论及财产的时候,比如在盗窃案中,这两个阶级确实是平等的。

尽管奴隶很大程度上是奴隶主的私有财产,以至于杀死或打伤一名奴隶所应受的处罚并不是向奴隶本人赔付罚金,而是赔付给奴隶主,不过法律并没有完全剥夺奴隶的权利。他可以对自身的出售进行抗议,并向法院提请诉讼;他还可以出庭作证,拥有财产,以自己的名义从事经营活动,借贷以及赎回自己的人身自由;无论是自己赎回的自由权还是奴隶主通过特定的程序解放得来的,都是不可更改和不容置辩的。另一方面,他可能被打上烙印出售,几乎无法抗拒被虐待的噩运,而且如果他试图逃跑的话将会受到严重的处罚;因为如果有人给逃跑的奴隶提供庇护的话将是一种严重的罪行,他必须赔偿这名被欺骗的奴隶主一名奴隶或赔偿25舍克勒白银的罚金。

奴隶们被雇用的方式和被公开解放的可能性使得沦为奴隶并不是附加在其身份地位上的耻辱烙印;沦为奴隶是一个人的不幸,而并不是他本身的过错。战俘奴隶,可能是来自邻邦显赫家庭的苏美尔人,他们随时都可以赎回自己的人身自由,也几乎不可能成为被人鄙视的社会阶层,甚至是在真正的异邦人的圈子中,他们和奴隶之间的差异也绝不像美国那样,将黑人奴隶视为人类圈子之外的生物,而且在苏美尔人中也没有古希腊人的种族歧视,将"蛮族(barbarians)"视为天然的奴隶。将奴隶身份视为一种偶然而不是定理的观点,对某些苏美尔习俗来说,乍看之下有令人难以理解的冷酷:不仅自由民出身的公民会因为犯了某些罪行而沦为奴隶,比如当养子拒绝承认其养父母,拒绝履行养子义务的时候;与此同时一对夫妻可以合法地将子女变卖为奴;丈夫为偿债也可以将自己的妻子或子女交给债主,用三年的奴役期来抵偿债务。完全相反的惯例中表现出的相同意图(即偏袒自由民)造成了奴隶和自由民之间的鸿沟;如果一个自由民娶了一名女奴隶为妾,并生有子女,这名女奴隶便不能被出售,自由民死后,她和她的子女都将自动解放,尽管未经过特别的收养程序他们并不能成为他的继承人;如果一名女性自由民嫁与一名男奴隶(在她并未做任何不光彩的事的情况下），子女将继承母亲的自由民身份，父亲死后他们将继承一半的财产，仅将剩下的一半归还给父亲的奴隶主。在一个自由民可以变成奴隶，奴隶可以获取自由的社会里，奴隶们不大可能被虐待；与其他土地上滋生的奴隶制相比，苏美尔人社会中的奴隶制算是很温和的奴隶制类型了。

　　评判一个社会是否公正公平的标准之一便是这个社会中女性的地位。在苏美尔社会，一夫一妻制是写进当地法律的，尽管在实际执行中有容许纳妾的修订条款，但正妻的身份地位受到充分保护，因此这一法规也没有受到强烈的质疑。

　　苏美尔社会中，婚事由家族长老来安排，订婚以新郎向未来岳父赠送礼金为标志，如果新郎毁约则定金作为罚金归女方，如果新娘改变主意的话就需要赔付新郎定金的两倍作为补偿；这是一种古老的买卖婚姻的习俗，它的存在是为了使订婚更加具有约束力。也许对年轻人的性行为方面要比"包办婚姻"的惯例更自由宽松一些，男女双方皆是如此：青年男子如果引诱了一名少女，他必须向其父母提亲，一名已订婚的女子可以在婚前离开原生家庭到夫家居住，而且在婚后她的人身自由不同于年少时严格隐居的情形。婚礼仪式似乎主要在于那块泥板——"结婚证"——的书写和封印，"结婚证"对双方的地位有明确的规定，对不忠行为的处罚及离婚的条件也事先有详细说明。

　　婚后由新娘掌管订婚聘礼，此外还要将亲戚们赠送的嫁妆带到夫家。这是她不可剥夺的财产，除非财产暂由丈夫共管，否则在她死后可以遗赠给自己的子女，若无子嗣则需归还给娘家。在婚约中还有一项特殊的条款，可以保护妻子的权利，即妻子不承担丈夫的婚前债务，而且无论在什么情况下未经妻子允许丈夫都不能支配二人的共同财产，但婚后债务由二人共同承担。妻子可以像未婚女性那样留用自己的奴隶，独立参与经营活动，也可以在法律案件中出庭作证；当丈夫不在时，如果没有已成年的儿子负责，则由妻子接管丈夫的财产。如果丈夫去世，她将继承与每名子女同等份额的财产，还可以随时再婚，可以将之前的嫁妆带走，但是必须放弃共享新任丈夫财产的权利；在子女方面，她与丈夫享有同等的权利，可以剥夺不负责任的儿子的继承权，甚至可以给他们打上记

73

号逐出城市。另一方面,妻子相较于丈夫而言在某些方面显得无能为力。丈夫可以在某些条件下出售他的妻子,也可以将妻子交给债主,以为期三年的奴役抵偿债务;他可以因为很微不足道的理由休掉她的妻子(除非她受到特殊的婚约保护),然而妻子想要与丈夫离婚则是一桩极为困难的事情,而且只有在她自己的言行举止完全无可指责的情况下才有可能;女性通奸,在早期只是轻微的罪行,但随着时间推移处罚越来越重,至乌尔第三王朝时期甚至会受到溺死的刑罚。此外,她在家庭中的地位因古代近东民族对子孙传宗接代的严苛要求而具有不确定性;妻子不育,就算没有解除婚姻关系,至少也会被剥夺女性在婚姻中的专属权利。

103 　　不育的妻子可能会被丈夫休掉,取回自己的嫁妆,接受一笔钱财作为补偿;否则丈夫就可以娶第二位妻子,但这样的话他不仅要继续履行对原配的赡养义务,而且还必须确保她在家庭中的地位。新纳的小妾是合法的,但是并不能等同于正妻,一份书面合约明确规定了侧室对于正妻的从属地位,因此她可能有义务"为正妻洗脚并将她的椅子搬到神庙中"。然而实际上,这两名女性的身份地位肯定有些微妙,为了先发制人,妻子可能会将她的一名女奴献给丈夫作为小妾;一旦这名女奴诞下子嗣,便自动获得自由(丈夫将自己的女奴纳为侧室的情况除外),但无论怎样她不可能取得和女主人一样的地位。确实,如果她鲁莽地以成为女主人的竞争对手为目标,女主人可以再次使她沦为奴隶,将她出售或者将她驱逐出家庭,亚伯拉罕(Abraham)、撒拉(Sarah)和夏甲(Hagar)的故事便是一个例证。因为在任何细节中亚伯拉罕都没有表现得软弱或者武断专横,但他却践行了这样古老的、从小就浸淫其中的苏美尔律法。一名从原配妻子手中得到第二任妻子的男性,不能再将其他的女人带进自己的家庭。一旦原配介绍的第二任妻子不能使丈夫满意,则她应该带上嫁妆,回到自己的娘家。但是尽管有这些调和

104 机制,很明显在婚姻中妻子的个性从属于她作为母亲的职责:如果没有子嗣不是出于生理上的缺陷,而是因为妻子拒绝夫妻关系,那么她应该被扔进水中溺亡。

　　根据苏美尔法律,未成年子女处于父母的绝对权威之下,父母可以剥夺孩子的继承权,或与之断绝关系,以及做出将子女放逐出

城市的家庭判决；他们也可以被卖为奴，或被暂时交出作为债务抵押；父母可以在他们有生之年对外进行慈善施舍，以减少或取消留给子女们的遗产。但是在一般案例中阿维鲁的财产都是由子女继承，继承财产的划分原则也为法律所规定：长子并不比其他子女更有特权，财产总额中留有一部分用作未订婚儿子的订婚礼金，剩余的财产按比例，一部分给寡妻和儿子，这部分分割简单明了；一份财产留给还未出嫁的女儿，这些嫁妆将来若是归还娘家，则归她的兄弟们所有；一份终身财产留给成为平信徒修女（lay sister）的女儿；三分之一留给在神庙中任神妓的女儿；然而有一种古老的传统为苏美尔"尼萨巴与哈尼法"所认可，即儿子有权在其父亲仍在世 105 的时候索求他对财产的继承权（一种在希伯来人中间流传很久的习俗，可见于《浪子回头寓言》中）；提前继承会以正式的法律遗嘱形式记录在案，而且他对父亲的财产不得有进一步的要求。母亲死后她的嫁妆同样平分给所有的子女。

　　除了对妾生子女身份的认同外——即便和正妻之子相比，其合法地位略显低等——但非血缘关系的收养现象亦十分普遍。对即将出生的养子，或即将被收养的孩子"vis-à-vis"，养父母必须订立一份契约以保护养子的地位，给予养子绝对的平等权利。一旦养父希望解除收养关系，他便可以拒绝履行对养子的义务，但养子有权利获得家庭动产的三分之一。如果养子否认养父，并找到了他的亲生父母，尝试回到亲生父母身边，他便会被打上记号出售为奴，如果他的亲生母亲为妓女阶层的话，他便会被处以割舌之刑。收养子女行为的普遍流行很大程度上可能是由于神庙卖淫造成的，而且收养行为也受到法律的鼓励和保护，这是对由此而产生的大量不知其父的孩童这一社会问题的调和方式，不然这些孩子对神 106 庙来说也是一种负担。

　　家庭生活虽然受到法律的严格规范，但大体上说是自由的，只要不与家庭长辈的要求发生冲突法律便倾向于鼓励个人的权利，与此同时，跟家庭活动并存的还有一种宗教卖淫活动的组织系统。每个神庙均设置一群女性，她们构成神的王室或家室的一部分，因为当时拟人化的宗教信仰认为神和人一样有人的正常需求，他的神庙及仆从都是世俗国王的复制品：这些女性中为首的是（圣婚仪式中的)神妻,其余的是国王的侧室及侍女;她们就是献身于神圣公职的宗教神职人员并被法律赋予受尊重的头衔。当一个阿维鲁将他的女儿送进这一荣誉神职行列后,首先会以祭祀开始整个庆典,接着他将女儿带进神庙,奉上她与神灵结婚的嫁妆;但是这名女信徒并不会被要求对贞洁起誓。神庙中有各种级别的女祭司,但她们无一例外全都是神妓。

107　　恩图(entu)——神的第一任正统妻子,她在女祭司中居于最高等级,但我们对她知之甚少。她必须举止慎重品行端正,而且身居高等级女性行列。我们还必须牢记她也许实际上是国王的女儿,就像乌尔的南纳神庙中的最高女祭司一样——在汉谟拉比法典中,如果这么一个身居高位的女性做出不得体的举止的话,比如进入一家酒窖,她就应当被活活烧死以示惩罚。位列第二等阶的女祭司叫做萨尔麦(Sal-Me),她们人数众多,由于她们从事贸易活动,因此留下了数量远甚于记录她们自身情况的商业交易泥板。她们集体生活在类似于今天修女团的组织中,至少她们早年的仆从生涯是这样。她们有子嗣,但都不知其父——萨尔麦的孩子都只跟母亲姓:她可以嫁人但却不允许为此人产子。为此她必须带一个女奴去夫家作为小妾:理论上她是神的妻子,但与人类的性交行为却使得她曾(为神)发起的誓约被当作神秘婚姻而被掩盖了。低等级女祭司则没有那么神秘,像兹克鲁(zikru)和卡迪什图(kadishtu),则是纯粹的神庙妓女(后者即为申命记二十三章,18 条被禁止的妓女),尽管前者与男性结婚也是相当受到尊重的,然而即便是在乌
108　鲁克这样对伊斯塔肆意崇拜的地方,也有其他较低等级的神妓用通俗谚语来反对结婚以表达警示。对于希罗多德在公元前 5 世纪所描述的早期传统中每个女性获得结婚资格之前必须将自己献给神庙并将身体献给陌生人这一情况,并没有任何证据能证明它的真实性,但是可以确信的是苏美尔神庙确实豢养了一大批妓女,苏美尔宗教设法剥去这一职业的荣誉外衣。这种行为被严重歪曲,伊斯塔堕落的侍者们便是被曲解的极端例子,其潜在意图是真正的献身和献祭。献身者把她们的童贞献给神灵,正如大量法律条款所表明的那样,这种行为对于苏美尔妇女来说是至为珍贵的。

　　如同欧洲中世纪的修道院那样,苏美尔的神庙也是教育中心。

依附于大多数神庙(即便不是全部也是大多数)的学校是培养孩子
们成为专业书吏的地方。楔形文字有着上百个符号,其中许多符
号都有着多重含义,这是一门艺术技巧,不是每个人都能掌握的。
但由于苏美尔实质上是个商业王国,通信数量是十分巨大的,并且
根据法律,日常交易几乎都以书面形式记录下来,无疑具备读写能 109
力的专业书吏和市民的数量一定是十分庞大的。神庙学校中,许
多"学校泥板"幸存下来,形象地说明了神庙班级里面课程学习的
演练情况。首先会有一张标有单个字符及其发音的长列表供小学
生们记忆,然后是按字母顺序排列的一组符号,接着是表意符号,
这种表意符号代表单个的词或意思,并可能放在复合词组之前插
入文本中,以指示词组的属性含义——如"ilu"这个符号告知人们
接下来的词汇是神名,"matu"则是人名,表示"木材"的符号会出现
在"箱子"或者一种树名的前面。然后是短句,正文的常见形式、尊
称等等。拥有了这些基础知识学生便可以进阶到语法环节。我们
找到了一些泥板,上面记载有动词和名词变格的词形变化表。到
此时学生已经可以自己独立书写了。老师在圆形的软泥板的一面
写下他的"校正本",学生学习时则把泥板翻转过来并努力在泥板
背面复写出原文。语法结束后开始数学的教学,我们发现了记有
乘法和除法的泥板,开平方和开立方的泥板,以及几何学的应用练 110
习——比如如何测算不规则图形的土地面积,将不规则的图形切成
一个个方形,将所有方形面积加上图形中的直角三角形的面积便
得出了总面积,这样得出的答案几乎是正确无误的。紧接着是重
量和尺寸等度量衡单位的列表的学习。对于有更高学术意愿和追
求的学习者,则为他们提供了一种类似于我们今天字典尾部的词
表,即苏美尔语和闪语相对应的并向列表。通过这样的训练,一些
学生们成为宗教书吏居住在神庙中,他们对神庙图书馆里储藏的
古代文献进行抄写翻新,准备神庙日常活动的"书籍"、颂歌和连祷
词等,保管神庙机构卷帙浩繁的商业账目,也为上报宗教法庭之前
的诉讼案件作备案和明细记录。一些人甚至沉溺于起源研究,尽
可能地到处收集复制砖石碑铭题字,以此揭开自己城邦已然尘封
的历史;正是由于他们的努力,我们才能对这一时期的生活和思想
有所了解。

111 　　其他的学生则进入到政府部门就职或把他们所学的技能应用到私人商业领域,但是更多情况下拥有更专业技能的成员,比如医生、建筑师等,很可能仍与神庙保持着密切联系。古地亚,拉伽什的帕特西,约公元前 2400 年在位,他的办公地点跟普通公职人员的办公室一样具有宗教化特征,办公室中摆放着一尊他的雕像,手握一块画有神庙设计图的泥板,很可能就是他自己设计的。这一时期建筑、运河、房屋和城镇等设计风格得到保留,其中大多数既为了政府目的也为神庙所用,神作为大地之主管辖的范围极为广阔:有一张世界地图,意在向人们展示阿卡德的萨尔贡(约公元前 2700 年)所征服的范围,这大概是在皇室的要求下制作的,尽管在这种情况下地理学家的能力并不足以完成该任务,但其中所体现的世界观带有鲜明的宗教思想特点。医学同样是一个奇妙的混合学科,它由外科手术、草药学、魔法巫术组成,大部分医师的惯用伎俩是通过驱魔的能力驱除折磨病人的邪灵;医师差不多算是个掌握科学技术的牧师或男巫(术士)。此时的外科手术,由于对生理知识的了解十分有限,必须冒着巨大的风险,同时法律会保护公众免受任何技术拙劣或鲁莽行事的外科从业人员造成的伤害;在收录了远早于同时代法条的汉谟拉比法典中,对于手术失败者将处

112 以严厉的刑罚,所以外科医生得冒着自身生命风险从事这一职业:"如果一个医生要用铜质柳叶刀在一个阿维鲁的眼睛上动手术,且那人将会失明的话,那个拿柳叶刀的医生的眼睛也该被挖出来",如果他在伤口上动手术而病人死掉的话,他的手也应该被剁掉。所以可以想象当时的医生当然会更倾向于使用魔力和简单的医治方式而不是运用手术刀来治病!

　　苏美尔的繁荣依靠的是它的农业和商业。精心耕作的土地物产丰富,出产产量惊人的大麦和小麦,河道两岸的洋葱和其他蔬菜长势良好,而且早在公元前 2800 年时,椰枣果园的分布就已经相当广泛了——各种各类的椰枣树均有种植,多产的椰枣果实成为当时人们的主食之一。许多土地都是神庙和国王或统治者的财产,国王和统治者也有自己的私人地产;还有一些集体所有的公有土地,但是个人权利却是非常普遍的,对于农民来说,拥有自己的一小块土地已经成为惯例,而不是少数人才享有的特权。这些私有

领地中,有一定比例的土地是由国王为退役士兵颁发的,叫作伊尔库(ilku),该土地的所有权是不可剥夺和转让的,自然士兵也必须履行服兵役的义务。土地的持有和转让必须签订物权契约作为凭证。

灌溉的需求使得事情变得复杂,因为同一条水渠需要用来灌溉多块土地,因此这条水渠的所有受益者,即接受其灌溉的土地所有者们,对它的修缮维护有着共同的责任。甚至当同他们自身的利益并不直接相关,或各土地所有者共用的灌溉用水必须受到限制和管理时,他们也有可能被召集去清理河道,因此争执时常发生。小土地所有者除了自己耕作外,也会雇佣劳工,并按年用大麦、羊毛、牲畜,有时还用白银来支付报酬;如果他是一个穷人,不得不向他人租借种子、工具等生产资料,或许还抵押了自己的土地作为租借筹码,那么在作物收获之前,他将受到法律保护以避免债权人的侵权,假如发生了不可抗力因素导致欠收,又并非租借人的过错,那么他的借款利息将被免除。通常情况下土地会承包给外乡人耕种,这是一种投机行为,若种子由土地所有者提供,则该所有者收取产量的一半作为租金,而如果土地所有者没有提供任何生产资料的话,则只能接收三分之一的土地产出;如果出租的是挂果的果园,果园所有者可收取产值的三分之二;而未经栽种的果园地租期是 5 年,其中 4 年用来种植,这 4 年无需支付任何租金,因此最后 1 年当幼龄树开始结果实的时候果园所有者和承租人平分产值。租赁土地后不予种植或种植失败会受到严厉的惩罚——就皇室拥有的伊尔库份地来说,惩罚包括直接没收土地——而承租人必须以邻近农场的平均产量来补偿土地所有者;同样地如果承租人有一些不诚实的行为,比如偷盗种子,他将因此而受到重罚,若他无力支付罚款,则会沦为农奴。

犁这种工具很早就被投入农业生产了,然而我们能看到的最早的犁的实物图晚自公元前 14 世纪;这是一件装饰有管状播种机的犁,一头系在牛轭上,由牛牵引。丰收之后巨大的谷堆堆积在打谷场上,谷堆之上是围绕谷堆不停转圈的牛,牛拉着底部装有燧石的木橇,运动过程中一方面使得谷粒脱落,一方面又割下了供牛食用的草,同样的方法和工具迄今仍在沿用。收获的麦粒用来做日常食用的面包,先用磨石磨成粉末,再做成面包,或者将其烘烤,研碎后制成一种麦片粥或者酿造成啤酒;葡萄酒则是用椰枣和葡萄做成的,椰枣也会用来做浓汁蜜——类似于现在的阿拉伯人所谓的一种叫"*dibs*"的糖蜜。除了农作物,苏美尔人饮食中动物产品也比较丰富。牛和山羊为人类提供牛奶、奶酪,和东方人所喜爱的酸黄油,河流和水道中出产各种淡水鱼;肉在当时很可能是富人们的奢侈消费品,尽管节日宴会的祭品可以改善下单调无味的饮食,但穷人的饮食主要还是以蔬菜为主。

就苏美尔的人口而言,苏美尔人在饮食方面便自给自足了,在穿着上亦是如此。遍布全国的羊群足以生产出充足的羊毛。此外用以织布的亚麻也被广泛种植,尤其是在北方;有些布料加工坊由神庙管理,除此之外还有大量的私人作坊:晚期巴比伦尼亚的纺织品行销海外并在外国市场上卖得高价,在早期很可能也是这样——在摩苏尔以它的名字为织物冠名之前(著名的真丝薄绸"摩苏林那"),这种平纹细布(muslin)可能就已经流行了数千年。但是其他所有东西都得依靠进口。南部苏美尔的富庶很大程度上是因为它的城邦控制着波斯湾入海口,这是商船们从海外将货物运到当地的必经之地:一条商路从海口位置起,经底格里斯河东岸到达北方,而运往叙利亚城镇的货物路线从幼发拉底河绕过卡尔凯美什(Carchemish)浅滩,如此便形成了他们的南方路线或西北路线。沿着同一路线,顺流而下的木舟运载着货物结束了它们的旅行。在这里木材十分畅销,还有源源不断的银矿石和铜矿石,以及来自黎巴嫩的雪松,胡桃木,碱液和树脂也接踵而来;但是在苏美尔的强盛时期波斯湾的贸易运输一定远重要于北方商路。我们找到了一艘船的提货单,这是由乌尔的宁伽尔神庙为海湾贸易而授予的。这艘船从迪尔蒙(Dilmun)出发,两年后,即拉尔萨的苏木伊鲁穆(Sumu-ilum)在位第八年(约前 2048 年),才在乌尔港口将所有货物卸载。其运载的货物内容有黄金、铜矿石、象牙、珍贵木材,和做雕像和花瓶的精细石料。这些原材料经过熟练的苏美尔工匠们的加工,又经由陆上商路再被出口到西部和北方。南方的商人们在远方的城镇有自己的代理商或分支商店,他们之间保持着通信,通过信用状的方式进行交易,或者将货物委托给独立的商业旅行者,

115

116

那些商业旅行者尽最大能力卖出商品并在返回时报账，从而分享一部分利润。尽管法律很难处理例如不记账，或者欺骗雇主的行为，但是半路遇劫所受的损失可以得到一些补偿。另外当时已有提及，早在公元前三千纪早期在卡帕多西亚的伽内斯（Ganes in Cappadocia）已经建立有商业殖民地，这比萨尔贡统治的阿卡德王朝还要早上几百年；在叙利亚一定也有类似的殖民地，尽管通信缓慢落后，偶尔还会受到当地统治者压迫以及旅行商队的突袭，但东部的世家大族们仍然继续保持着他们与这些遥远的商站前哨的商贸往来，并且以非常现代的方式管理着这种活动。但我们必须记住一点，当时并没有铸币，所有的贸易都是以物易物。本地交易的估价物大多使用大麦——但是大数额交易和远距离贸易，则通常使用黄金、白银这种更标准的等价物，白银流通的价值单位为"舍克尔"（shekel）。在阿卡德的萨尔贡时期，黄金等价于八倍重量的白银。但有时金属确实会被做成一定形态来交易，比如锭、环等等，可以使测算更容易，但即便这样其精确价值仍必须通过天平来测量——亚伯拉罕在麦比拉（Macpelah）购买洞穴时"重量……400舍克尔白银，现金给予商人"。我们可以从一个商人写给住在另一城市的商业伙伴的信件当中了解当时商业交易的方式和规矩，这位商人给他的伙伴寄送了一封'沙玛什-贝尔-伊拉尼'（Shamash-bel-ilani，字面意思为沙玛什，众神之主），以及一张索要14舍克尔白银的即期票据（demand-note）；他写道："我寄给了瓦拉德—伊利舒三分之二明纳白银"（1明纳＝60舍克尔）"这笔钱已收讫，并在我的见证下通过书面形式立下收据。他已经去了亚述……至于你之前写给我的14舍克尔的'沙玛什-贝尔-伊拉尼'，我还没有付他钱。看见瓦拉德—伊利舒的话让他称出白银和大致的利息；从这个总数中拿走14舍克尔然后把余额寄给我。"

几乎所有的交易都会签署明确的书面公证合约，从一个自由人手中购买他的儿子或奴隶而没有正式的合约收据会被视为严重的犯罪行为而遭受法律制裁。谈价过程以买方支付给卖方成交价外的额外礼物为标志——即东方人的小费。女性享受着与男子同等的贸易自由权并且合同以她们的名义签署执行。对于苏美尔社会这样一个影响广泛的商业系统，信贷是其正常运转所必需的，而借

117

118

贷也有法律成文来规定;关于大麦的借贷,基于谷物的利率,以谷物来偿还的话,最大合法利率是 33.3％ 每年,而白银借贷的话利率则是 20％,但是货币借贷总体来说比这些实物享有更宽松的借贷条件;在乌尔第三王朝时期的乌尔,白银利率涨至 25％,这很可能是由于帝国首都贸易兴盛,进口贸易中取得异常巨大的利润而导致的。由于神庙拥有的大量财产,从事频繁的商业活动,而神庙本质上又属于政府机构,因此政府是借贷利率的直接受益者。而政府很可能正是出于此种目的才总是尝试修订租用住房、储藏室、船只、四轮马车和土地等资产的最高利率,并规定了不同等级的劳工、工匠的工资水平。虽说这样的措施只能取得暂时成功,但事实上这些举措是对当时出现的经济问题的一种有趣解释。

苏美尔人的宗教是多神教,他们的神多得数也数不清。在这片土地上所有的神祇都是被认可和被尊敬的,但是每个城市都有一个保护他们城池的特殊主神。巴比伦的主神是马尔杜克,拉尔萨是沙马什,在乌尔则是南纳,尼普尔是恩利尔,乌鲁克则是伊南娜或者伊什塔,它们是城市主神庙的所有者,土地的领主,和平时期王国的管理者和战争时期的象征领袖。其他的神祇可能在主神神庙的庭院中拥有神龛或者可能拥有它们自己的次神庙,但他们仅能算作主神的侍从,并不能对主神的地位构成任何威胁。由于主神凌驾于其他神祇,高高在上,他变得隔绝和孤立,几乎违背了最初的目的;由于主神太过于伟大以至于凡人不能接近,因此每个人都有其个人保护神,选取居次要神位的神祇,作为个人和城市主神之间的中介,并接受他更私人的,可能也更为真挚的虔诚奉献。

然而在神与人关系疏远的同时,又与人的生活紧密相关。苏美尔人的宗教是拟人化的,神只不过是放大了的人。城市中的神庙是神的住所,他们在里面过着平常人的生活,吃着与信徒共享的献祭肉品,同人类女性结婚生子。神的仪式有象征意义,确保四季轮回及农作物的丰产,他们作为土地领主,对世俗社会的关心并不比人类少。他们也参与战争,而击败敌人必须要将敌方的主神作为尊贵的俘虏带到城市主神的宫殿中才能算是彻底胜利。神与信徒们患难与共,福祸同享。作为国家的化身,他们奖励美德惩罚罪恶,但是他们的奖惩也仅仅局限于现实世界。比起现实社会的生活来说,苏美尔人对其他的生命形式有着极其模糊的概念。因为对于他们来说并不存在地狱也没有天堂;人死后精神不灭,顶多是化为幽灵般的灵魂生活在一个悲惨的世界中:

> 他们以尘土为食,泥土为生;
> 魂灵像鸟一样扑打着翅膀,
> 地下世界的大门和门柱上布满尘埃从未被扰。

这就是尸体得到安葬的人死后去的"无回之地",但是如果他 121
没有被安葬,且没有食物和饮水放在他的墓前以满足他的需求的话,他的魂灵就必须游荡在现实世界的街道和小路上,并像吸血鬼那样袭击赶夜路的旅行者来充饥。祭品是用以慰藉死者的,也用以保护生者。在这样的死后生活中神不扮演任何角色。人们的奉献、祷告,都是为了暂时的物质性回报。"献给南纳,我的王,乌尔纳姆为自己的生命奉献此神庙",这就是献词的通常格式。当库杜尔马布格(KudurMabug)重建了乌尔的伽努恩玛赫(Ga-nun-makh)神庙时如此写道,"献给我的生命和我儿子瓦拉德辛(Warad-Sin)的生命",他如此祈祷:"愿南纳,我的王,愿他满意我所做的一切,愿他赐予我生命的判决,愿他赐予我繁荣的统治,愿他赐予我稳固的王权;愿我成为南纳所爱的牧羊人,愿我此生岁月绵长!"

每个神都有他们的初始职能。埃利都的恩基是水神,同时也是发明手工艺和书写艺术的智慧之神,恩利尔是风雨之神,纳布(Nabu)是草木植物之神,内尔伽尔(Nergal)是瘟疫之神,沙马什是正义的太阳神,伊什塔为爱神,宁胡尔桑为生育之神。但是每座城 122
市的最高神往往容易侵占管辖其他行政区的神祇的神位,由此给万神殿神谱造成了大量的混乱。一个神在不同的城市由于不同政权的任命可复制出许多神性或类似的功能,只是叫法不同,甚至古代的传说故事也会为了适应当地的宗教崇拜而有所修改,在创世神话中赋予马尔杜克至高无上神权的便是这种政治倾向——因为巴比伦成为帝国的首都,所以它的保护神马尔杜克同样地在天界也占据领导地位。

著名的吉尔伽美什史诗中涉及的创世神话和洪水故事,埃塔那上天的故事,阿达帕(Adapa)折断南风之翼的故事,以及塔穆兹从地下世界重返人间的故事,便是取自于最古老的为众人所通晓的神话,并为艺术家的创作提供了题材库,但(复杂的塔穆兹-阿多尼斯的神话除外)这些神话并没有对世人施加道德影响。它们的独特之处可能在于对百姓的吸引力,有的知识分子可能会将其中某些内容以哲学的方式来解读,但这要求闪米特人具备更丰富的神学想象力,以将其转变成宗教。在苏美尔洪水传说中众神因为愤怒,决定以洪水的方式摧毁人类,但恩基神偷偷地将这一天机泄露给了乌特纳皮什提姆,一位居住在幼发拉底河中游的舒鲁帕克的善良人。他(恩基)进入到这位英雄的芦苇棚中,又害怕直接告诉他违反了众神的约定,于是悄悄地对着芦苇棚,而不是对乌特纳皮什提姆本人耳语道:

芦苇棚,芦苇棚,墙壁,噢墙壁,
噢芦苇棚,听我说,噢墙壁,仔细领会。
在恩基神的建议下,乌特纳皮什提姆建了一艘类似于"诺亚方舟"的船:
我所拥有的,我装载在船上的,是所有的生命成果,
我让他们登上这艘船;我所有的家人和亲属,
田野中的野兽,田野中的牛畜,还有手工匠人,我让他们全都登上这船。
我进入这船,关上大门……
当黎明破晓时,
从天空底部升起一片乌云;
阿达得神在其中咆哮,
纳布神和国王在前面行进……
内尔伽尔抓住桅杆,
他前进着,宁努尔塔率领这次攻击……
所有的光明变成了黑暗,
兄弟再也看不见他的兄弟,
上天的子民再也无法辨认出对方。
众神惧怕这洪水,

他们逃走，他们升上安努的天空，

众神像狗一样蜷伏在城墙之上，他们躺下……

经过六天六夜，

暴风和洪水来袭，飓风席卷这土地。

第七天黎明破晓时，飓风减弱，洪水

如同一支军队发动了战争；

海洋平静下来，狂风不再怒吼，洪水停止下来。

我看着这海洋，它一片寂静，

所有的人类都变成了泥淖！

沼泽地水面高至屋顶！……

我看着这世界，注视着海平面；

十二度量单位以外出现了一座岛屿；

船到达尼特西尔(Nitsir)山，

尼特西尔山使船停下来不再移动……

当第七天来临，

我放出一只鸽子，我释放了它；

它飞走了，这只鸽子，它又返回了，

由于没有地方可落脚，它返回了。

我放出了一只燕子，我释放了它；

它飞走了，这只燕子，它又返回了，

由于没有地方可落脚，它返回了。

我放出了一只乌鸦，我释放了它；

它飞走了，这只乌鸦，注意到水位的下降；

它喝水，戏水，发出一阵鸦叫，不再返回。[①]

　　因此乌特纳皮什提姆下了船，在山顶上为众神献祭以求和解，而此时众神正处在饥饿之中，因为洪水淹没了所有的神庙，他们的食物也因此断了供给：

　　嗅到这香甜的味道，

[①]　摘自 Delaporte, *Babylonia*, p. 207。

众神像苍蝇一样聚集在祭品之上；
于是便决定再也不冒险毁灭人类了。

125　如果苏美尔人的洪水故事没有特别的道德说教，那创世神话中绝对具有原始主义色彩，并且神话描绘的诸神形象决不是供人赞扬的人类道德标准。神话中描绘了野蛮混乱的场景，懦弱胆小的众神和英雄马尔杜克。这位英雄置身于为魔咒所诅的冲突中，而仅为了众神可得以供养，便手刃怪兽之躯创造天空，又用泥土和龙血创造了人类。事实的真相是，苏美尔人的宗教自始至终并不是一个爱的宗教，而是一种敬畏和恐惧的宗教，敬畏和恐惧的范围只限于今生，敬畏一切强有力的、反复无常的、不道德的生物。某些美德对神的确有吸引力（考虑到苏美尔的具体情况，这应该说更像是人性的必须，而不是神性的特征），但经验告诉我们仅仅是美德并不足以引起神祇的兴趣并保持他们的持续恩惠。这种实用性的宗教主要存在于献祭和用以使神平息怒火的仪式，以及与之相结合的咒语中。

给神的日常献祭以三餐主食的方式呈现，这些祭品实际上由祭司和寺庙的神职人员共享；祭品包括啤酒、红酒、牛奶、面包、枣椰以及各种类型的肉类；在寺庙中有数以百计的人需要供养，被屠杀*126*　的动物数量也是相当的庞大；逢节日时还会有特别的盛宴，那些为庆典作准备工作的人可享用祭品最上乘的部分。其他的仪式则具有感应巫术的性质，只不过是祭司们在某些特定的情况下为了促使神祇彰显神力而表演的象征行为。因此祝酒仪式中将圣水倒进盛有玉米穗和枣椰束的容器中，便意味着可获得足量的用以浇灌农作物的水。到神庙中举行私人献祭对于个人来说极具吸引力，可以确保得到祈祷的相应回馈；面包、芝麻葡萄酒、黄油蜂蜜和盐作为主要的祭品通常呈现在神的雕像面前，祭祀时如果宰杀牲畜，则一般将右腿、肾及烤肉献给神，剩下的由仪式的所有参与者共享。在这些仪式中动物代表着人类，圣餐仪式祷词可以明确地说明这一点——"羊羔是人类的替身；他为自己的生命献出了一只羊，他献出羊头作为人头"——从这里我们可以看出人祭的一些残余痕迹，正如我们在乌尔王陵中看到的一样。在这些祭祀中巫术成分多见而宗教成分罕见,如在病人为健康而举行的祈祷中,祈祷者呈平躺姿势,肢解后的牺牲品尸体被置于祈祷者之上,希望通过这样的仪式使自己的身体得到净化免除病痛之苦。医学此时已经是一项相当成熟的技术,针对每一种疾病都有对应的解决药方;但与此同时所有的疾病都是由宇宙间充斥着的邪恶灵魂造成的,以折磨人类,医生在处理生理病症的同时也必须驱逐邪灵。神职中最显著的是术士(magician),他们的职责是当邪灵来临时施法术将它们驱逐;在驱魔术士之后登场的是占卜师,他们可以对邪灵的接近给出预警,并且告知避免的方法。

127

占卜的一种方式是类似于祭祀,通过受害者肝脏的形状和印记,占卜师便可以通过查阅记录有所有符号特征的泥板,查出哪些符号象征着好的征兆哪些象征着不好的征兆,从而得出跟他相关的预兆。大英博物馆有一块肝脏形状的泥板,这块泥板被分成了50 个小方形,在每个方形区域中都记录了这一特殊位置会出现怎样的征兆(参见 Ezekiel xxi. 21)。但是任何一种意外事件、偶然事件或者不寻常的现象都有其特殊意义及其与未来的关系;一代代勤勉的祭司们将这些全都记录下来,记下这些现象和征兆,以及接下来发生的到底是好事还是坏事,因此汇编成了数本卜辞集以供后人参考。占星术是术数的一个重要分支。苏美尔人已经通过观察掌握了一些天文学知识,而且由于太阳月亮和其他行星等同于诸神,天象图的变化反映了神的性情,因此修天文学的学生手中可能掌握着未来的关键。

128

论及祭司职能,我们必须认识到苏美尔城邦本质上是神权政治的。每座城市的主神在现实中便是这座城市的国王;人间统治者帕特西(统治者)或国王,仅仅是他的代理人——即神的“佃农”(tenant farmer)。公民办事处和宗教办事处并没有明确的区分。国王或地方统治者本身也是一名祭司,实际上对帕特西来说,在早期其宗教职能更古老、更重要。卢伽尔扎吉西——乌鲁克城安努神的祭司,当他用武力征服了整个苏美尔时,他便是通过在恩利尔神的神庙中担任祭司的方式来确立自己的统治权,而拉伽什的帕特西古地亚也举行了自己的献祭仪式并得到了他的卜辞,当他的儿子乌尔-宁吉尔苏(Ur-Ningirsu)失去了世俗统治权时,也没有被剥夺其作为尼娜(Nina)神祭司的任职资格。苏美尔世俗国王的神化使国王以神的名义统治这一理论在逻辑上得以自洽。相反,规模较大的神庙中的大祭司是有着极其重要政治地位的人,通常都是从王室中选出。教会和政府不可分割地混合在一起,以至于一方面政府被视为神权政体,另一方面教会至少部分被视为一种政治机构,国家宗教被认为是一种政治工具。如果将乌尔第三王朝统治下的苏美尔和阿卡德与公元3世纪的罗马帝国作一比较的话将是一件有趣的事情。此时的罗马,处于信仰危机之中,不管是罗马诸神信仰,还是对伟人奥古斯都及对城市的信仰,都是不含宗教色彩的职业化的政治忠诚。此时的国民,即便他们有信仰,那也都是对其他神祇的信仰。对苏美尔人而言,虽然其信仰的主要神祇并不仅仅是象征符号,但主神与他的生命毕竟关联甚微,消除邪灵的法术和次神才更为亲近。但是在我们找出更多的关于家庭信仰的材料之前,并不能理解什么才是苏美尔人的真实信仰,而关于家庭信仰的信息正是神庙文献中所缺失的。从遗址废墟和墓葬中我们发现了私人住宅中的小礼拜堂和小泥像(圣经雅各布的故事中被其妻瑞秋偷走的神像"teraphim"),这可能仅仅意味着更多的魔法被带进家里面,但同样地它们可能是对人与信仰之间更为密切的见证,这比起寺庙精心设计的祭祀仪式和礼拜仪式所体现出的信仰更为简单更为真诚。

第五章　乌尔第三王朝

　　乌图赫伽尔任命的本地统治者当中有一位名为乌尔纳姆,很明显,他是乌尔城的帕特西。乌尔遗址发掘的铭文显示他为了自己的宗主权向宁伽尔即南纳的妻子做出了一些奉献。随后他反叛并征服了乌鲁克,在一系列胜利之后取得了整个国家的领导权。事实上基什作为古老的闪米特都城,反抗了"这片土地",换而言之,反抗了苏美尔统治下的美索不达米亚统一体,这显示了苏美尔国王的政策多么地民族主义。他不仅在卑鄙肮脏的城邦对抗史中添加了新的一章,还蓄谋进行一场苏美尔的复兴,其中乌尔城,他的母邦,应当重新夺回它昔日帝国都城这一地位。从乌尔纳姆即位之时起的 18 年统治期间,他做出各种努力以使乌尔城配得上其都城的地位,并努力提升乌尔的保护神——月神南纳在美索不达米亚万神殿(pantheon)中的排名地位;不仅仅在乌尔,在其他城市比如拉伽什和尼普尔,也修建了新的神庙以供奉月神南纳,许多公共工程还被冠以他的名字。另一方面,乌尔纳姆似乎已从建立苏美尔霸权至上的理念中获取了足够的满足感。他在位期间及其继任者统治时期中,似乎没有出现压制闪米特人的情形,闪米特人享有同苏美尔人相等的地位并可以担任所有的官职,乌尔纳姆的孙子阿玛尔辛①取的就是一个闪米特名字。如此宽宏大量是极具智慧的行为。南部国家的人口现在已极其混杂,要想刻意分辨出它的具体成分已经不可能,相当长时间里苏美尔人正逐渐地失去土地,过分偏袒(苏美尔人)则会给他们带来直接灾难。实现真正的统一才是唯一政治家式的行动,一旦帝国发动扩张性的对外征服战争,征

---

① 译者注,音译,今读"阿玛尔辛(Amar-Sin)"

召刚烈的闪米特血统战士充任军队则更为必要。假如古地亚的肖像如实地表现了那个时代的苏美尔人，那么显然软弱和衰退已经开始，单凭苏美尔的武装力量要想支撑一个帝国或赢得胜利是不可能的。

对于苏美尔给予所有臣民平等待遇一事，我们可以将其视作对国王公平正义的赞美："他的统治公正不阿""邪恶在他面前消失无踪""乌尔纳姆的公正是无价之宝"，他称自己为"苏美尔与阿卡德之王"，他似乎也配得上这一双重称号。按照古代先例，国王有生之年应该被神化，被奉若神明，乌尔显然谙于此道。但在同时代其他城市的铭文中这一尊号从未被加至过国王身上，对乌尔纳姆（作为神）的崇拜似乎仅限于本地。可能由于城邦内部的猜疑情绪始终过于强烈，乌鲁克或者基什依然很难接受乌尔的世俗统治者被赋予神性这一现实。也可以更为简单地认为这些人是在质疑乌尔统治的持久性，毕竟乌尔第三王朝跟其他众多政权一样，是通过叛乱夺取的，说不定其自身也会因叛乱而被颠覆。平息党派纷争和为了政权利益赢得（众邦的）认可都需要一些时间和手段，且这种得到众邦认可的标志所带来的好处可能远不止受凡人崇敬这么简单。舒尔吉——乌尔纳姆之子，在其统治第十二年时终于被苏美尔和阿卡德土地上所有各邦接受为神。

对于乌尔纳姆，尽管他参与的战争一定很多，但对其战功我们知之甚少。异国他邦向其纳贡，国际道路沿线贸易的繁荣，如果没有基本的武力保障是绝不可能实现的，但现存的王室档案文书记录更多的却是国王主持修建大型建筑工程的事迹。在乌尔他建造了城墙，伟大的庙塔（Ziggurat），南纳、宁伽尔以及宁埃伽尔（Nin-egal）的神庙，当然还有皇宫；在尼普尔他的杰作同样分布广泛，在拉伽什、埃利都、乌玛、拉尔萨，还有阿达卜他新建或者重建了诸多神庙。此外，在另一项重要任务方面也不乏他的身影，即美索不达米亚平原不可缺少的重大工程——开挖运河。

幼发拉底河河水中含有大量淤泥，不及时疏通清理河道将使它们在未来几年失去利用价值；再者河流会改变它的河床并突然扰乱整个灌溉系统。在乌尔纳姆权力崛起之前的城邦混战时期似乎已有类似工程的存在，因为除了他修建运河的常规活动外，一份铭文提到旧运河失效,导致一行省遭受干旱与失去水道之苦。在这种情况下,乌尔纳姆应对此事的典型做法是首先抚慰神灵,他修复了月神南纳的神庙,其用意即在于转移干旱之苦。"献给南纳,恩利尔的长子,他的王",献词这么说道,"乌尔纳姆,那强大的人,乌尔之王,苏美尔和阿卡德之王,南纳神庙的建造者,光荣地复兴了他的旧国度,他说:'打开吧!';他挽救了园地里的蔬菜,恢复了马根船只的正常运营。"在他的号令之下,都城乌尔的周边地区至少开凿了四条运河,其中之一,也就是上面提到的那条,直接连接了乌尔城与海湾,以确保波斯湾的商船能够在乌尔的码头卸货。拉伽什的南纳运河也是他的杰作,乌尔出土的著名的乌尔纳姆石碑还给出了一份其他杰作的完整清单。 134

很明显国王的主要精力用在了巩固国内权威上,同时他也容许邻邦保持他们的独立性,至少暂时如此,以此为条件他们要维护治安并保护他的商队。我们在废墟中发现了竖立在都城乌尔的石灰石碑残片,上面以图像的方式记述了乌尔纳姆统治时期的主要功绩,这些功绩最使百姓们感恩戴德。从上面的内容判断,"给乌尔带来繁荣仁慈的君主"是他应得的头衔。这块石碑据测量长约 5 英尺,高可能 15 英尺,两面都水平雕刻了数组浮雕图层。石碑上只有一幅场景是关于战争的,表现的是被缚的俘虏们被牵引至国王面前的场景。石碑正反两面的最顶部,雕刻的是挖掘运河的场景,运河的名字刻在下方;国王呈站立礼拜姿势,上方有一位手持宝瓶从天而降的神灵,神灵将瓶中的生命之水泼向大地。另一幅 135 图像展现了奶牛和正在挤奶的人;美索不达米亚的两项主要产业——农业和牧业,是得到国王保护和鼓励的。剩下的一组浮雕刻画了他对众神的虔诚奉献。其中一幅是献祭的场景,表现的是宰杀动物、在祭坛前面举行奠酒祭神仪式;另一幅图为国王亲自向南纳和宁伽尔献酒。这里月神南纳手持类似建筑师测量竿和绳的工具,就好像命令国王为他建造神庙一样;接下来的场景中,乌尔纳姆肩扛施工者的工具,以工匠的身份恭敬地来到神的面前。另一幅图则刻画了实际的施工进度,人们爬在梯子上垒砖块,这一定是国王乌尔纳姆最伟大的杰作,乌尔城的南纳庙塔。这座纪念碑传达出来的精神与大多数想要依靠它使自己留名千古的东方君主们,形成了强烈反差。阿淑尔纳西尔帕(Ashur-natsir-pal)将大型战役和袭击城市的场景表现在城墙浮雕上,其中可见敌人被活生生地剥皮,或是钉死在城垛上,书吏则在一边记载被割下的头颅和手,被俘获的诸神像则从燃烧的城市中被抬走,而这只是理解苏美尔人和亚述人天性区别的冰山一角。

舒尔吉统治了 58 年时间,参与了多场战役,将边远的独立邦国纳入帝国行政体系,其地位降至帝国下属行省,而这些边远邦国在乌尔纳姆在位时期是放任他们自治的。其中有些邦国,特别是底格里斯河以东的国家,持续不断地对杜恩吉的统治制造麻烦,一次次地发生叛乱,又被皇家军队一次次地镇压,因此卢鲁布被征服了不下 9 次。另一方面,一名帕特西掌管下的诸侯国苏萨,仍保持着忠诚与自足,为此杜恩吉在那儿为舒什纳克(Shushinak)神建造了一座神庙;安善、卡扎鲁、基马什(Kimash)也是由帕特西管理的诸侯国,但这也只是底格里斯河以东仅有的几个帝国有效管辖范围内的行省了;北方几个较为棘手的城邦并没有文明开化的总督上任统治,他们的管理方式可能更类似于军事管制。

前述的大多数征服都是发生在国王舒尔吉统治的后半段或晚期。他的早期精力都花费在了巩固从他父亲那儿继承来的政权上面,以及执行在乌尔第三王朝治下以民族主义复兴为重点的政策。杜恩吉也像乌尔纳姆那样热衷于建造事业,可惜的是乌尔纳姆没能活到自己的神庙竣工。对杜恩吉来说,即便没有自己的修建计划,也有诸多在建项目供他挥洒热情,但事实上在苏美尔和阿卡德各地出土了很多刻有他名字的砌砖和奠基泥板。编年史记载杜恩吉"特别关照位于海岸边的埃利都城"。埃利都在传统上被认为是苏美尔最古老的城市,在埃利都所建的水神埃阿的神庙是整个南部地区最受崇敬的,因此这位杜恩吉国王对埃利都的热爱可能带有很强的政治动机。另一方面,他废弃了巴比伦的埃萨吉拉(E-sagila)神庙,那是当初萨尔贡和其他继任的阿卡德君主们重建和捐献的,这里很可能就是阿卡德地区的宗教中心。巴比伦并没有对舒尔吉构成本质上的威胁,更不用说那些本身便不是军事重地的城邦了。他非但不像通常意义上的反传统者那样,在各地修建、修复苏美尔神祇的神庙,反而在乌鲁克、拉伽什、尼普尔、阿达卜、马埃尔（Maer）等地，毫不犹豫地展示出他对别国神祇如苏萨的舒什纳克神的尊崇。不管是对巴比伦埃萨吉提神庙，毁灭式的孤立行为，与之还是形成鲜明对比，赞助埃利都行为，同样反映出他的民族主义政策。但是国王舒尔吉同时也巧妙地启用了他的闪米特臣民。我们在行省长官中发现了闪米特巴比伦人的名字：他似乎渴望建立苏美尔和阿卡德的联盟，因为如果他的帝国想要长久存续的话这确实是必要的手段，同时他也决定了这个联盟的基本色调应该是苏美尔人。

138

拉伽什出土的泥板使我们对乌尔第三王朝帝国商业化的机构组织有更清晰的了解。当地统治者如同小吏般感激于国王任命了他们职位，尽管他们在自己行省内的权威，就行政方面很大程度上仍受制于乌尔的中央政府；很可能帕特西必须亲自到总部当面做汇报，与此同时中央派出的信使频繁出没于道路之间传达指令，王室官员也从乌尔被派遣出去执行特殊任务：这便意味着有更多的常设组织机构，不仅要维护道路的畅通，还要为出公差的官员们提供运输物资和俸禄。这一系列中央集权措施意在削弱帕特西的权力，他们在旧时是王位世袭的，一直以来是反对宗主权威的潜在叛乱势力，而帕特西之间的内部纷争也经常演变为邦际战争。只有尼普尔的帕特西继续保持了世袭相承的制度，因为尼普尔作为宗教圣地享有特权；由于某些原因，可能因为对乌尔主神南纳的崇拜并没有在王国内获得大范围的宗教热情，杜恩吉和继任的儿子伯尔辛便特别关注尼普尔，将它的主神恩利尔提升至苏美尔万神殿中的领袖地位，每个行省都要纳贡，为恩利尔神庙的岁入做贡献。

139

征收税款以及向都城和特权神庙进贡是帕特西的主要职责之一；因为税款是以特定形式来支付的，所以统一度量衡尤为重要。杜恩吉建立了一套整个帝国都通用的固定标准。在乌尔有一个官方的测量室（testing-house），在南纳神庇护下挂靠于他的神庙，在那儿我们发掘出一些石制砝码（stone weights），这样的砝码在其他地方也有出土，且砝码上刻有相应的铭文，证实了它们的正确性及所属年代，属于杜恩吉统治时期。

杜恩吉在位期间必然是历史上伟大繁荣的时期之一。这位国王长达50年的统治时期内，苏美尔和阿卡德享受了长时间的内部和平,对外征服则满足了整个帝国生活必需品的开支,其中有些必需品的原料是三角洲自己不曾生产的,而后来的战争与掠夺无异。

140 他们用战利品满足自己所需,用虏获的奴隶以补充军队以及公共工程建设所需的劳动力。拉伽什出土的泥板展示了一份神庙的羊、牛、驴清单以及神庙领土的管理细节,证明神庙的富裕程度甚至比得上一个省级城市。在著名的宗教中心尼普尔,主神恩利尔拥有一个名为德莱海姆(Drehem)的神圣农场,那儿有一个什一税征收点,来自全国的牛羊、谷物和水果都汇集到这儿。众多的私人交易泥板证明当时的商业非常繁荣,人们的生活水平达到两河流域历史上最高。国王舒尔吉有充足的资金和人力可支配于他雄伟的建筑计划,他统治期间展现出的恢宏气度也是完全符合东方传统的。此后阿玛尔辛继承了他的王位并统治了 8 年时间,如他父亲那样,阿玛尔辛也同样是个活跃的建筑师。如果说乌尔第三王朝的最后两位国王在建筑功绩上乏善可陈的话,那很可能是因为留给他们的空间已所剩无多了。

对乌尔城的考古发掘为我们重构乌尔第三王朝最繁荣时代的

141 都城样貌提供了依据。乌尔纳姆及其继任者建造的神庙,有些建筑存续至今,其他的则是后来的国王改建的。但即便这样,其原始的平面设计图也被如实地沿用下来——通常情况下庙宇的基础部分是一样的——新工程可能是旧建筑的复制品,同样可以依照旧图纸来完成。

乌尔城最突出的形象工程是庙塔(Zigurat),或者说是阶梯式神塔。在美索不达米亚,每座著名的城市都有一座这种风格的建筑,这似乎是苏美尔人的独创。从这样的事实中可以推断出,苏美尔人的源起为山民,他们的神灵经常以站立于山头的形象出现。这自然是遵从了之前的传统,当他们还在故土时,"在高处,在每一座高山上"敬拜他们的神祇。来到美索不达米亚南部冲积平原的时候,这些山民就面临一个难题,即没有山地可供他们正规地举行仪式。但是沼泽地的土壤和周期性的洪水教会了这些早期移民者,他们的泥质房屋必须建在高台上,无论是自然的还是人为的。而庙塔,一种人工垒成的山丘,就是这种必要的预警措施与山地神庙传统观念相结合的产物。到目前为止,作为神殿的地基,庙塔仅仅

是国王宫殿显而易见的大平台,换而言之,就像是一个更为宏大的
平民房屋的平台。至于它作为山的特性——庙塔会有诸如"神灵之
山"或者"天空之山"之类的名字——神庙自身具有圣洁性,且经过
精心设计,以确保每一部分每一线条都有重要含义并象征着其尊崇
的信条。最著名的庙塔莫过于巴比伦的庙塔,即希伯来圣经中的
"巴别塔",现在已经被摧毁殆尽了。乌尔庙塔,就设计上说是最接
近于巴比伦的那个版本的,也是美索不达米亚保存最完好的庙塔。

乌尔纳姆所建的庙塔建在一个古老矮小的庙塔旧址之上,呈矩
形,据测长 200 英尺有余,宽 150 英尺,初始高度约为 70 英尺;四
个角的指向是罗盘针上东西南北的四个主要方位点。庙塔整体形
状是个砖砌的立方体,中心是由未经烧制的天然泥砖砌筑,其外覆
盖有一层 8 英尺厚的壳层,由在沥青中烧过的砖块砌成;表面有间
隔规律的排水孔(weeper-holes),以排干内部积水,防止中间的砖块
隆起并撑破外墙。墙壁明显地随高度升高而内倾,其上又有浅宽
的扶壁来减压,这一设计体现着良好的力学强度概念,另外值得一
提的是,基座上每面墙的底部都不是直线,而是中凸面的,又反映
出当时力学理念的成果——和帕特农神庙的建造原则是相同的。
奇怪的是基座上的露天平台并不是规则建造的:狭窄的长侧道平
行往前延伸,但到庙塔的末端开始放宽,所以顶部平台接近于正方
形;而底部平台也不规则,位于东南端的底部平台要低于西北端的
平台;从低平台那一侧的中间有一段长天梯通往顶部平台的圣坛,
庙塔的入口通道位于东北方。庙塔共有三段阶梯,每段有百余个
台阶,在最低的平台之处三段台阶会聚于一个纪念碑式的门楼之
前,门楼设在最低一级的平台上,两侧的小楼梯倚靠着庙塔而上,
中央天梯在右角处大胆地延伸出整栋建筑;小楼梯之间的两个角
砌有侧面为镶嵌式砖块砌成的扶壁。当年很可能这两个扶壁顶部
和庙塔本身的露天平台上都栽种有树木,与苏美尔人故土那绿树
葱葱的山地十分相似。作为建筑遗存,乌尔庙塔是非同寻常的。
受当地材料所限,建筑师省掉了装饰品,只依靠简单的几何图形和
线条构图。庙塔的设计在我们现在看来也许既原始又简陋,仅仅
是立方体的重叠,然而事实上,虽然其体积庞大占有优势,但所有
的线条,包括斜面的外墙,较为倾斜的楼梯,都将观众的视线向内

144　或向上引入充满宗教性的神庙圣坛,就像整栋建筑的艺术王冠。平台的水平划分就强调了这一伦理观念,虽然它与向上内收的路线形成对照,但并没有对之形成妨碍;每个平台都象征着宇宙空间的一部分,地下世界,凡尘世间,以及苍穹天国,也许乌尔纳姆时期就是这样了,至少在后期,巴比伦的那波尼德(Nabonidus)修复这座庙塔时,其象征意义便是这样。要接近神的寓所必须穿过这三层世界。

庙塔坐落于一个被叫做"埃特门尼伊尔"(E-temen-ni-il)的高平台上,四周由双层围墙所包围。庙塔的东北面坐落着月神南纳的伟大神庙,南纳神庙的上半部分搭在这层平台上,下半部分建在它脚下的基座上。庙塔顶端的神坛是所有建筑部位中最神圣的地方,但是由于它面积太小,难以独成其庙献给如此伟大的神灵,因此主建筑必然位于别处。这座稍矮的南纳神庙的圣殿在庙塔西北侧的对面,它宽敞的外庭延伸至较低的平台上,庭院四周为储物室和办公室。鉴于每座神庙都有或多或少的依附土地,土地上产出的农产品若非神祇所有,也需向他缴纳什一税,而且由于实物贡品是由租客或类似的信徒带来,所以充足的储藏空间是必不可少的。

145　神的日常事务必须按经营项目分类来运行。神庙公职人员的职位头衔多种多样,负责打理国王宫殿的日常事务;除神庙本身设有的祭司外,还有后宫总管、战争大臣、农业大臣、运输大臣、财政大臣,以及负责神庙岁入和支出的秘书长和会计长。至于伽玛赫(Ga-makh),即大储藏室,很可能是位于庙塔底部的天井庭院,百姓献给神庙的供奉品登记入账的地方可能就是这里。常见贡品包括牛、绵羊、山羊、一袋袋大麦、圆盘形的奶酪、陶罐装的液体黄油和一捆捆的羊毛。所有供奉物品都会被称重检查,书吏会在泥板上为每样东西都写好收据,并把复件归档至神庙档案馆中,同时搬运者会将物资贮藏到仓库。

紧挨着南纳神庙的东南方还坐落着另一座神庙,埃努恩玛赫(E-Nun-Makh)神庙,与南纳神和他妻子宁伽尔神同样神圣不可侵犯。这座建筑中一定会举行一种独特的秘密仪式,因为大多数神坛都有宽敞的庭院,而这座没有,但神庙内有圣殿,圣殿是一个包括入口处厅堂和两个相同小房间的小正方形建筑,每个房间的保

护神都藏匿在迷宫似的长拱形房间中,只有通过一条狭窄蜿蜒的　　146
通道才能接近它。毋庸置疑普通民众是绝对不允许进入其中的,
圣殿的房间非常之小以至于主持宗教仪式的祭司数量也十分有
限。占据了建筑大部分空间的拱顶屋,据推测很有可能是储藏室,
其他的房间,依照其中发现的铭文来判断,是萨尔麦女祭司的住
所,她们是神的妻室。为首的女祭司宁安(Nin-An)是神的正妻,其
他的则是他的嫔妃;她们可能会生育孩子,但都不知其父;女祭司
们也可能会结婚,但是不能为她们的世俗丈夫生子;她们还拥有自
己的财产并以自己的名义做生意——合同泥板上就经常签署有萨
尔麦女祭司的名字;她们富有且受人尊敬,形成了一个不同于一般
神妓的阶层,甚至可能自抬身价认为自己是神妓阶层中的王妃。
既然是月神嫔妃,这些女祭司自然便居住在月神妻室的神庙里。
埃努恩玛赫神庙有着非常古老的基座(foundation),可以追溯到乌
尔第一王朝时期,它被持续修缮直到阿玛尔辛时期才完工。尽管
它是城市宗教生活的重要组成部分,但人们可能只了解它的外在,
那长长的面向圣道(Sacred Way)的空白墙面,没有半点建筑美感可　　147
以吸引路人的注意。

　　接下来是一座非常与众不同的神庙,杜布拉尔马赫(Dublal-
makh)神庙。经由圣道穿过一座双门楼,可到达一个铺设有地砖的
大型庭院,庭院的一端是由庙塔平台一角突出来的小而高耸的建
筑(即塔楼)。这栋建筑仅由一个内室和一个外室构成。外室是圆
拱形的,而内室,即便是这一时期,也可能已经被高穹顶结构所取
代。但它最引人注目的特征是巨大的拱门,其宽度占据了神庙正
面的绝大部分,门扇上精心地装饰有银、铜,和金;[①]当门打开后,可
以看到内墙上饰有色彩斑斓的镶嵌物:"这神庙,是大地的奇迹,
他,伯尔辛,为他自己所建造,他使神庙富丽堂皇,他用黄金、白银、
天青石装饰了它";在内室的后墙处矗立着一尊月神南纳的雕像。

　　这栋建筑在早期是露天的,而且确实是从庭院进入庙塔平台的
入口,它一直享有"伟大的门楼(the Great Gate)"这一名号。阿玛

———————————

① 门上的装饰被证明是后期的产物,但那时的工程很可能是基于古代基础上重建
　的。

148 尔辛给它加了天花板,后门也被封了起来,从而使得门楼被转化成了仅有一道小侧门可通往大平台的神坛。但在这些改建中有一项功能被保留了下来,即远古时候法官们会坐在门楼处宣读判决书,因此它也被叫做"公正之堂(the Hall of Justice)",从它的阶梯我们可以推想,法庭的决定会在庭院中向公众宣读,犯人在此迎接将降临于他们的处罚,就像接受月神神坛的神谕那样。

庭院四周环绕着更多的储藏室和作坊,其中一个便是神庙商业档案保管者的房间。在这里上千件泥板得以重见天日,这些泥板记录了神庙管辖区内各种各样的活动。大量的货物作为贡品奉献给神,它们被储藏在仓库中,并以各种名目消费掉。每天都必须从仓库中取出一些动物用来献祭,还有供养祭司和神职人员的口粮,以及神庙修缮工作所需要的木材和金属,甚至给门链上油的油料也要从仓库划拨。仓库管理者(store-keeper)经手发出的每件物品都要做一个发行凭证,上面有申请人的名字,需求货物的类型和数

149 量,它们的用途,以及出货行为被认可的授权。除了这些日常需求外,还有一些必要的支出,比如支付社区为神庙提供的服务,各种与神的商业利益有关的支出等。在神庙辖区内有常设作坊,依附于神庙的女性在其间工作。这样村民们带来的羊毛原料就在作坊中被纺成纱,编织成布料。作坊账目表会给出一个女织工的名单,名单统计了月初分到她们手中羊毛的重量,以及月末她所产出的不同质量布料的尺寸和重量(制造过程中不可避免地会有耗损,对此会给她们应有的补贴)。与账目单并列的还有工作期间的日常消费品配给,谷物、奶酪和烹饪黄油各有多少,这些全部会计入当月的盈亏账目。从他们的簿记,以及其他日常事项中可以看出,尽管苏美尔人是一个相当商业化的民族,但这些泥板的特殊之处在于它们反映了他们将日常生活融入到乌尔第三王朝的神庙建筑中的景象。在庭院周围的一间房间里我们发现了残留的锻造炉和一个装满碎铜片的陶罐;被雇佣的神庙仆人们在这里熔化金属,也许

150 这些金属是城里的商人们带来的,正如我们在庙塔其他地方挖掘出来的那样。金属被锻造成锭块以便储藏起来,这些神庙比起教堂来说更像是中世纪的修道院,在里面除了纯宗教仪式外还存在着各种工业制造、车间作坊和学校,这些组织对神庙的重要性并不

亚于礼拜堂。

　　从杜布拉尔玛赫庭院出来是圣道的延伸道,顺着庙塔平台的东南墙延伸出来,通向另一扇神庙的大门,即献给月神妻子宁伽尔的神庙。从外形上看,它巨大雄伟的围墙和转角塔架,使它看起来不像是宗教建筑而更像是座军事要塞。带有前后双门的卫兵门楼连接着北部两个被围墙所包围的外庭,这是较小的礼拜者庭院。在这之上是一座小圣殿,打开门可以看到其中有一尊很高的雕像基座,远在庭院就可以看到;房间一侧是铺设了地砖的倾斜地板,倾斜的地板形成了一个排水渠,即阿普苏(Apsu),献给神的献酒便是从这里倾倒下去。在圣殿后方有一个长长的狭窄房间,显然是洗礼沐浴的地方。通过这里可以到达内庭,经过这两扇正面被精心装饰了扶壁的门,穿过小休息间就可以来到最神圣的地方——一个狭长低矮的房间,靠着后墙处设有一座台级祭坛和长凳,用以摆放 *151* 雕像和圣器。整个庙塔由三个部分构成,这座宁伽尔神庙构成了庙塔建筑的第一个部分;第二部分为中央街区,中央街区的一头包括祭司们的寝居,和他们的坟墓,因为他们死后就埋在自己屋子的地板下面,街区的另一端是由数条蜿蜒通道构成的迷宫,迷宫的中心就是国王阿玛尔辛的祭仪礼拜堂,他是神庙的创建者。一座古老的宁伽尔神坛似乎曾占据此地,为乌尔纳姆所建,但是却被伯尔辛夷为平地,以便为自己建造更加宏伟的建筑腾出空间。伯尔辛的神庙是由未经烧制的天然泥砖砌筑而成,大约距它建成一百年后,又被另一个叫恩安纳吐姆(Enannatum)的祭司用烧砖重建了一遍,他就是后来的伊新王子、乌尔城南纳神庙的高级祭司,但新神庙却依然是旧版本的忠实再现,伯尔辛作为首位创建者也继续享有非凡的荣誉。在礼拜堂的一端有一尊高大的白色石灰石碑,顶部为椭圆形,上面雕刻了国王的头衔名号和神庙建筑的记录;白色石碑脚下是两个相似的灰色大理石碑,嵌入地表覆盖的沥青中,在这周围是靠墙放置在长凳上的各种礼器,这些礼器是权力、权杖和规范的标志。穿过两扇门到达另一端,朝圣者进入该房间,稍作停 *152* 留以示对逝去国王的尊敬。

　　第三部分位于东南墙垣的末端,是宁伽尔的第二个神庙,建筑风格与前述第一个神庙迥异。外庭缩减至差不多一个通道的宽度

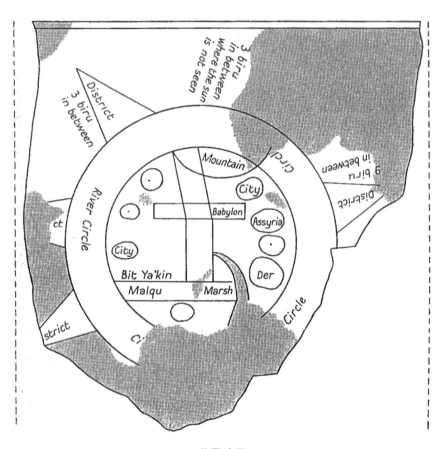

世界地图
一位苏美尔地理学家对阿卡德王萨尔贡的外事活动进行的图解尝试）
（图片取自史密斯的"*Early History of Assyria*"，经坎贝尔·汤普森教授，Chatto
和 Windus 出版社许可）

乌尔庙塔,庙塔东北面,展示了石梯交汇处的台阶

乌尔庙塔复原图,F. G. 牛顿绘制,已经伦敦文物学会许可

乌尔的宁伽尔神庙平面图
(公元前 2220 年乌尔国王伯尔辛奠基,约公元前 2080 年由南纳神庙的高级祭司,伊新国王里皮特伊什塔之子恩安纳吐姆重建,这座建筑包括两处独立的宁伽尔女神殿,以及一个祭奠伯尔辛的礼拜堂,根据 A. S. 惠特本的画作绘制,已经伦敦文物学会许可)

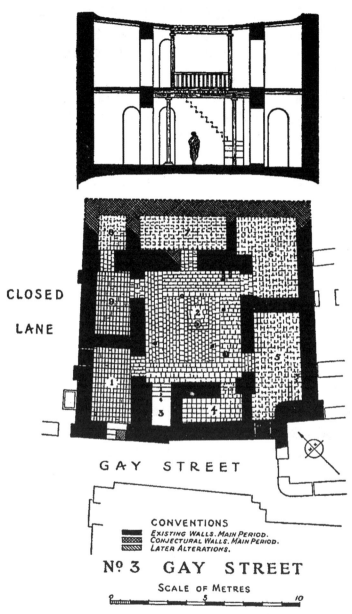

CLOSED

LANE

CONVENTIONS
EXISTING WALLS. MAIN PERIOD.
CONJECTURAL WALLS. MAIN PERIOD.
LATER ALTERATIONS.

Nº 3　GAY STREET

SCALE OF METRES

GAY STREET

伊新和拉尔萨王朝时期乌尔城的一间私人住宅重构图
A. S. 惠特本绘制
（图片来自《文物期刊》第七卷，已经伦敦文物学会许可）

且直通中央庭院,这就是这座建筑的主要特征。在北角位置有一个砖砌的沥青防漏水池,旁边是一墩矮石柱,石柱上放着一个水盆或洗礼钵,很可能是金属材质的。中央庭院西南侧是进入圣殿的入口。门前有座祭坛,几乎把通道堵住了,其表面很可能镀了金属,在它侧面靠墙的地方,有座放雕像和石碑的砖砌石基。有三个大型拱道通向圣殿,圣殿是一个方形空间,其边长并不比拱门的厚度宽出多少,整个圣殿铺满了用作雕像基座的砌砖,在较低的坛上有段阶梯,供祭司们爬上去做供奉祭祀。拱门之间的拱道是狭窄的拱顶小房间,里面靠墙位置还有砖砌长石凳;还有些附属的小礼拜堂是献给次一级的神灵们的,他们是女神的扈从。圣殿的一侧是宁伽尔神的金库,另一侧是神的寝宫;在这些房间之后是很多仓库(其中一间发掘出了大型油罐,仍原封不动地立在那儿)还有神庙厨房。厨房对于神庙来说是非常必要的特征且占据了相当大的空间;厨房还专门配备有露天庭院,庭院中有水井和烧水的炉灶,以及用以宰杀动物尸体的砖台桌;也有可磨制谷物的硬石平鞍型(flat saddle-shaped)手推磨。庭院外面是两个有屋顶的房间,其中一个房间有蜂窝型面包烤炉,另一个有耐高温粘土制成的平顶炉灶及圆形排烟孔。这里是给女神和她的祭司,还有仆人们准备大餐的地方。

在宁伽尔神庙"基帕尔库(Gig-Par-Ku)"的东南方,分布着一些祭司的住房,然后是更多的神庙——尽管现已成废墟,但它们的功能特征已被确认,紧接着后面是一座巨大恢宏的烧砖建筑,它似乎是乌尔纳姆主持修建,杜恩吉时期竣工的那座皇家宫殿。宫殿中有部分建筑是用于居住的,居住区被分为两部分,可能是按性别划分的,分别是男性和女性的居住区,而其中一个居住区较易到达,另一个居住区只能迂回地穿过无数道门才能到达。宫殿的主体部分包括国王接待宾客的接见室。值得注意的是神庙的结构是神职人员依据国王的庭院复制而来的。确实,神庙作为神的寓所,事实上是重现了世俗统治者的宫殿特征。国王凭其王权而受到臣民的尊敬,神庙中的雕像则是因人们对神的信奉而受到敬拜,这二者只有程度上的差异而已,而在一个习惯将国王神化的国度,这种差异会非常的小。其结果是我们发现宫殿区域同神庙的建筑排布很难

有什么区别,包括它的内、外庭,它的接待室,以及它那犹如圣殿的 *156*
正殿。阿玛尔辛作为被神化了的统治者,其宫殿寓所具有的神性
特征被远远放大了,尽管宫殿在领地的边缘地带但毕竟它坐落于
平台纵横、墙垣包围的神圣领地(Temenos)之内。领地之内还有著
名的乌尔庙塔和其他所有上述提到的神庙,它们是城市的核心和
它的终极要塞。

　　由于所有这些建筑都连到一起形成一整个的建筑群,也就是我
们所知的埃基什伽尔(E-gish-shir-gal),虽然每栋建筑都有其独特
的名字和功能,但它们却都包括在广义上的“南纳神庙”之中。南
纳神庙占地面积据测约有 400×200 码(1 码＝3 英尺)有余,相当
于一座中世纪的城堡管辖的范围;其四周有相应的外墙延伸进城
内,乌尔纳姆所建城廓之内市民的房屋拥挤地建在一起,城墙之 *157*
外,沿着河岸和运河之间,即是城郊地区,所有这些一起构成了这
座总长近 4 英里,宽近 1.5 英里的城市。城镇里狭窄而不规律的
街道蜿蜒在高高的白墙之间,街道会分出门道通向各个建筑。这
些街道没有铺地砖且不能透水。城市里也没有轮式的交通工具,
搬运全靠人力和驴子,偶尔在房屋墙壁处能发现给骑手提供方便
的垫脚台,建筑物的转角设置较为合理平缓,以方便驮运货物的过
往动物通行。

　　在乌尔第三王朝和继任的伊新、拉尔萨王朝时期,富有公民居
住条件相当舒适。普通的私人宅邸基本都遵循当时标准的房屋结
构,只会根据房主的财产状况或占地面积的紧张程度才会有所修
改。房屋大体结构是方庭,四面建筑朝内围绕庭院排开,中间的庭
院作为天井为所有房间提供良好的采光。前门通向一个小门厅,
门厅里有时会配备一个水罐并设置排水渠,方便入门的人洗净双
脚,并从这里直接通往中央庭院。中庭的路面铺设了石砖,中央有
排水设施,即开在石砖地面下的一个小开口,下面有根圆管道,20
到 30 英尺长,是由一圈一圈的陶瓦环构成;圆环边上有小孔,小孔 *158*
四周有碎陶片作填充物,用来阻止泥土堵塞洞口。这是一个渗漏
型排水系统,使得水能渗漏进天然地基土层。房屋为两层高,全部
用砖石建成,下面是烧制砖块所建,上面则是未经烧制的天然砖
块,但由于墙壁似乎全部被白色石灰粉刷过,材料上的区别就不那

乌尔的一处私人住宅，A. S. 惠特本绘制

么明显了。底层房间完全没有窗户——在这个阳光充裕的国度里底层窗户确实没必要——光线和空气全来自于他们高高的拱门道；楼上的房间可能大多数也同样如此，但缺乏有力的证据来证明。庭院到二楼之间有楼梯连接，楼梯底部为砖砌，上部为木制，连通庭院至二楼的木制长廊阳台，楼梯间也可通向一楼的房间，一楼房间为房主一家的起居室。屋顶是由涂抹了泥浆的芦苇席搭建在横梁上形成，除了些微向内倾斜的角度，看起来几乎是平坦的，屋顶向外延伸遮住廊台，只在庭院中间留下一个相对小的开口。沿着它的边缘，屋顶排水槽向外延伸，将雨水引至地面的排水系统。

　　底层房间中最大的那间，通常情况下是面向街道入口的那一间，为客房或者接待室。厨房是另一间单独的房间，有着砖砌壁炉，楼梯下面是一个盥洗室，铺设了漏水型地砖，而另一间房则很可能是给家仆居住的。有的私人住宅里还设有私人小礼拜堂，它是一间小而窄的内室，室内有一条通道，通向地面稍高的那一端，通道尽头有座靠墙而建的砖垒的祭坛。祭坛后面或者侧墙上会有一个壁龛或壁凹，用来陈放神像、画像，或者泥制小雕像。在祭坛旁边靠墙处我们又一次发现了方形砖石墩，其作用目前还不得而知。一幢普通的住宅可能会有 12 到 14 个房间，尽管面积都不大，但总体住宿面积是非常宽裕的。当然，也有比这规模更小和更大的住宅，大的住宅坐拥两个庭院，环庭四周的房间可多达 20 间以上。无论哪种面积，住宅的空间布局，建筑工程的质量，都显示那个时代的生活水平相当之高，舒适的居家生活也体现了乌尔第三王朝的社会繁荣。

　　关于家具和房间的装修情况，我们知之甚少。我们发现室内墙壁涂有泥浆和白石灰，地面铺设有草席，但是实际的生活家具却没有一件留存下来，必须依据雕塑和泥板的记录才略知一二。家具中常见的有用餐的低矮小桌，常伴有交叉腿凳子和高背椅子，上面还有缓冲的坐垫和靠垫，这些木制品在富有人家可能还会镀上银或铜，床由木框制成，里面填充有植物纤维或类似的缓冲物；床架可能会有突出来的床头板，上面装饰有鸟或花的图案。家用容器一般为陶器、铜器，或者石制容器；篮子和箱子由陶土或木头制成，用来储存盛放衣物。地毯和毛毯是富有阶层才能拥有的房间装

159

160

饰。在乌尔第三王朝之后，也可能在早期，室内靠近门的墙壁上会附有神灵或邪灵的浮雕像。这些浮雕实际上是护身符，意在保护居住者免遭邪灵的侵扰。

假如住宅设有礼拜堂的话，小礼拜堂的中殿下方即是房主家庭的埋葬地所在，如果没有，则可能葬在任何一个底层房间的地面之下。一般而言地下墓葬是一个砖砌的开放墓穴，可重复使用，以埋葬每一位去世的家庭成员。死者入葬时仍穿戴生前的衣服和个人饰品，由草席包裹，侧躺在墓穴中（上一位入葬者的尸骸被随意包裹起来扔在角落），同时还放有一杯水在他的嘴边。入葬完成后，墓门被砖封住，装有食物的两到三个陶制器皿倚砖而放，然后把土堆回原处，再把地砖盖到洞口上。有时候我们会发现单独的墓穴，而不是家庭合葬墓，墓中尸体放在墓坑底部的地面上，浴缸造型的陶棺翻转过来盖住尸体。夭折的孩童通常葬在陶罐或者大的陶缸里，上面再盖上另一个倒置的缸。把死者直接埋在住宅地底下这一丧葬习俗看似奇怪，然而它却是当时的普遍葬制。有时，主人被安葬后房屋便被废弃，前门用墙封堵起来，空屋子变成了一座陵墓，但这种情况很少。通常情况下家人会继续在那儿生活，墓穴被循环再利用（一座墓穴中可以找到10具甚至更多的尸骨，这种情况并不少见，我们还在一个礼拜堂的地面下发现了30座婴儿墓葬）。人类的居住环境一定会变得不卫生，这不仅仅影响到单个住宅而且影响到整个地区，我们可以想象届时它会变得多么不适宜人类居住。如果情况的确如此，大量遭遗弃的房屋可能有助于解释许多古巴比伦遗址中令人惊讶的这一状况——即城镇所占区域是如此巨大而建筑却如此拥挤，这似乎意味着人口过多是导致这一状况的首要因素。假如我们设想一下，一所房屋的一部分甚至整个区域的相当一部分都被死者占据，那么这一事实就更容易理解了。

在公元前三千纪结束之时，丧葬习俗有了改变，乌尔第三王朝墓葬出土的随葬品不再像公元前四千纪的随葬品那么丰富，不足以展示当时的艺术和手工业发展水平。黄金耳环，偶尔可见被精细地雕成颗粒状，这几乎是唯一能代表金匠工艺水平的东西了。陶制和铜制器皿造型简单而乏味，尽管罕见的上釉花瓶见证着新技艺的产生，但总体来说乏善可陈，表现艺术风格最重要的文献成了滚筒印章。萨尔贡时期那种深刻而醒目的雕刻风格，"宏大风格"的印章作品，现在被一种切割更细致、更清晰、更干净整齐的印章风格所取代，但创造力和设计感却大打折扣。印章的主题大同小异十分单调，只有细节上有些许变化。印章的持有者被刻画成由他的守护神带领，来到南纳神或其他大神面前。但尽管有这些局限性，许多印章还是出奇地精细，尤其是皇家印章，是名副其实的雕刻瑰宝。与这些印章形成强烈反差的是赤土陶器，它是墓葬出土的另一种有趣器物，因为它们的铸造是粗略的——尽管铸模可能大大优于我们根据其表象所产生的粗糙印象——但是这些器物更加多样化，处理风格也豪放自由。这些陶器，要么是通过两件式模具铸造成的立体小雕像，要么是刻有神灵与崇拜者的浮雕。后者的风格种类十分有限，或者说只有细微的变动，大量相同款式的复制品和少量的彰显个性化的作品显示了这一特征。但是神庙里的宗教雕像尤其受到雕塑师的喜爱和关注，在众多复制品中占有独特的地位，其风格或多或少显得更为自由，因此通过它们我们才对那个时代优秀的雕刻作品有所了解，而大多数神灵雕像都不可避免地消失了。金属制品早已被回炉熔化，石制品也早已被反圣像崇拜者击碎而毫无残片留存了。它们不再深藏于本该被放置的墓穴中，而是暴露于神庙中，暴露于任何敌意的贪婪或恶意之下，以至哪怕是粗糙的粘土复制品，也会因此而具有特殊价值。幸存的器物残件仍能展示原件的精美程度。乌尔出土的两件女性头部残件，一件为黑色闪长岩雕刻，一件为白色大理石雕制，眼睛为贝壳和青金石镶嵌，这是在美索不达米亚之前从未出现过的艺术手法。在古地亚雕像成型之后的一小段时期之内，苏美尔雕塑家不仅在工艺技术上取得了进步，更在思想理念上取得了进展。这里的思想理念具体是指对美感的追求，即启迪古希腊艺术家进行艺术创作的美学思想，但却很少在亚洲本地人当中发现。欣赏这些艺术作品并不费劲，也不需要具备对于外来思想的特殊理解力。乌尔纳姆的石碑也同样非常精美，但是缺少了点灵性，一方面是由于题材太过于墨守成规，另一方面是浅浮雕（basrelief）的雕刻方法太常用，常用就易程式化。若与古地亚的石碑相比，其浮雕技术有所背离但有些许进步的迹象。有意思的是，我们怎么可以凭这么

163

164

些材料就断然对乌尔第三王朝的工艺艺术下结论呢？考虑到这个时期是苏美尔历史上的伟大时代之一,并且可能是最繁华富裕的时期之一,但就大部分器物而言,并没有任何迹象表明这一时期工匠们的技术水平还能与一千多年前的先辈持平。确实,似乎有种持续衰退的进程暗示着苏美尔人的才智天赋正在逐步衰竭,只有建筑和圆雕术,这两项艺术符合这一壮丽的奢华时代的需求,达到或者说超越了一个年轻文明应有的成果。

165

舒尔吉漫长而繁荣的统治之后,阿玛尔辛沿用了"乌尔之王,四方之王"这一王号,也继承了与其王号相符的庞大帝国。伯尔辛继位后,也同其父舒尔吉一样被纳入了帝国神祇的万神殿中。然而,如同他的儿子、孙子那样,他也同样拥有一个闪米特名字,这可能也反映了苏美尔帝国对闪米特种族日益增长的力量的认可。帝国向西扩张使这种认可更加具有政治性,因为除了阿卡德人外,乌尔的统治者们现在还必须对付上幼发拉底河的亚摩利人(Amorites)和北方的叙利亚势力,同时帝国北部边陲,说闪米特语的亚述地区,变成了帝国的一个重要行省。乌尔派遣行省总督管理它(其中之一为名叫扎里库[Zariqu]的总督,一份文献记载他捐献了一座神庙给"他的女神贝尔提-埃卡尔利[Belti-Ekallim],为强大的乌尔君主伯尔辛的生命奉献此神庙")。在卡帕多西亚,哈里斯盆地(Halys basin)的灰山(Kultepe)也发现了一套泥板集,很好地说明了

166

帝国居民的混杂性。那儿是一个贸易殖民地,当地商人使用苏美尔印章并雇佣苏美尔书吏,但是他们日常使用的语言是一种闪米特方言,与之有联系的不是南方诸国而是亚述,他们使用的月名和执政官同名纪年系统又与阿淑尔城联系在一起。这个贸易点的边远郊区一定已经失去了对首都的依赖性。苏美尔通过道德和文化上的霸权获得了她的地位。现在竞争对手们已经学到了足够多的东西,要继续维持苏美尔的权威便需要依靠军事力量,而这正是苏美尔自身所缺乏的,为了实现这一目的,必须安抚并雇佣闪米特人。

阿玛尔辛统治时期奉行的政策是:他唯一需要打的仗就是对付扎格罗斯山脉附近暴乱的山民。9 年后,舒辛①继承了他的王位,

---

① 译者注：音译,今读"舒辛(Shu-Sin)"。

同样也必须面对这些来自底格里斯河东岸的动乱,但是他参与战役的仅有记录却未能反映这个王朝早已开始衰败的全部图景,或许这样做是有意为之。位于苏美尔心脏地带的城市拉伽什,它的帕特西统治着乌尔毕鲁(Urbillum,阿尔贝拉的一个地区),萨巴尔图,哈马西,甘哈尔(Gankhar),古特布姆(Gutebum),和卡尔达卡(Kardaka)。尽管这个叫阿拉德-南纳(Arad-Nannar)的帕特西在拉伽什常驻,但是很明显他不可能来自拉伽什,因为他充分管理着一大片底格里斯河以东的行省区域,而这片区域恰好是给中央持续制造麻烦,并需要被严加管控的地点。然而事实是,自舒辛在位的第三年起,再没有提到任何东方行省的本地管理者,这证明阿拉德-南纳并没有通过委任的方式行使管理权。对此我们必须得出结论,他是"双方不能彼此信任的帕特西(patesi in partibus infidelium)",且这些"问题行省"已经动摇了它们效忠乌尔的忠心。尽管苏萨还保持着它的忠诚,它的帕特西还能为乌尔的国王建神庙,但他此时应该有了"防御之主"的新头衔,这表明乌尔的霸主地位已极为不稳固了。同样的现象也出现在乌玛的铭文中,铭文记录了舒辛建造城墙"穆里克-梯德尼姆(Murik-Tidnim)"的事情,这是座"抵御梯达努人(Tidanu)的城墙",抑或是亚摩利人所建的反黎巴嫩城墙。前朝的君主们采取了更多的攻击行动来保护他们的西陲贸易路线。这座城墙不仅反映了帝国西部的险境,更反映了其处理内部威胁的软弱无力。

灾难的真正到来没有拖延太久。伊比辛(Ibi-Sin)在他统治的早年阶段还主要关注东北部山地民族,同这些山民、苏萨,以及安善的战争也看似顺利,然而他的取胜似乎并没有带来任何实际的胜利和领土的收复,至少没有文献提到过委任官员统治这些有过战争的叛乱省份。至于伊比辛,几乎没有任何现存的遗迹提到他的名字,在其他地区发掘的属于他统治时期的经济文书,全都是关于他早年的记录,这些泥板可能由于偶然因素得以幸存下来,但却与帝国逐渐衰落的过程没有必然联系。就目前我们所知,25 年后这个帝国终于走向灭亡,而一切来得是那么突然。

一个来自马里的亚摩利人伊什比伊拉(Ishbi-Irra)开始举兵造反,他从幼发拉底河中游向下行军并入侵阿卡德;随后他占领了伊新城,和埃兰开始外交谈判;伊比辛发出号令,命令卡扎鲁行省的统治者采取行动镇压反叛。可能他是想借此切断谋反者们之间的联系,同时通过一波侧翼攻击碾碎北方的这支敌军。但是这一招,无论怎样,并未成功。因为阿卡德已经陷入亚摩利人之手,埃兰军队渡过了底格里斯河,挥军蹂躏苏美尔本土,"乌尔被兵刃重创",它那不幸的国王被俘并被带至了安善。乌尔城的废墟见证了埃兰人的野蛮行径,长期屈服于其统治之下的埃兰人用这些野蛮行径进行复仇。乌尔第三王朝的大型建筑也同样惨遭恶运,被肆意毁灭,神庙的圣器,古代先王价值连城的祭品,都被统统劫掠带走,那些不值得搬走的东西则被破坏打碎。这也就是今天看到的乌尔纳姆石碑之所以残损的原因,它的碎片被用作后继时代的建筑材料:这座尊贵的城市也最终被损毁废弃。

169

> 那时他们推翻了,那时世界的秩序被摧毁了
> 就像一场大洪水,(埃兰人)摧毁了万物。
> 将去向何处,噢,苏美尔! 他们改变了你吗?
> 来自神庙的神圣王朝,他们放逐了你,
> 他们捣毁了城市,他们拆除了神庙,
> 他们夺取了这片土地的统治权。
> 奉恩利尔神的旨意,秩序被摧毁,
> 随着安努的风暴之神掠过这片土地,统治权被剥夺。
> 恩利尔将视线投向一块陌生的土地。
> 神圣的伊比辛被带到了埃兰。

这支挽歌如泣如诉,它的文本在尼普尔已被发现,而伊比辛的名字从此便与"灾难的征兆"联系在了一起,贯穿于整个后来的历史进程之中。

第六章　伊辛与拉尔萨

　　当尼普尔诗歌哀悼伊比辛政权的覆灭时,不仅指乌尔的没落,更是整个苏美尔的没落。在这一点上,尼普尔哀悼诗是正确的,因为乌尔城的命运牵涉到整个苏美尔地区及其中生活的百姓。苏美尔人无法从亚摩利人和埃兰人造成的毁灭中恢复,他们作为独立国家的历史也就此永久地停留在这一刻。苏美尔衰落的过程持续了很长一段时间。苏美尔人由于长期与阿卡德人和其他说闪米特语的种族混合已经失去了其纯洁性,纯正的苏美尔人数量在不断减少,最终他们只能占到总人口的极少数,成为少数民族。与体格上的衰弱相伴的还有精神上的退化,这体现在艺术作品中,柔弱取代了坚强,其独创性被习俗和惯例所掩盖。苏美尔之前偶然取得且必须与阿卡德合作才得以维持的政治主导地位,现在被暴力地抢夺之后,他们便再也没有能力恢复之前的地位了。而另一方面,古老的独立与霸权传统又相当顽固,许多城市为恢复独立性进行了多次尝试,多次企图复兴帝国原来的荣光,均以失败告终。但唯一的结果只是将整个国家陷入内战的混乱之中,且再次迎来一个诸城邦分裂的时代。伊辛、拉尔萨、乌鲁克、西帕尔、巴比伦,以及基什都打算拥立自己的王,而在他们的争端之中,南国的人力和士气逐渐被消磨殆尽。

　　伊什比-伊拉(Ishbi-Irra)在伊辛创建了一个自己的王朝,持续了五代人的统治时间,统治着相当广的区域。最初他控制了乌尔、乌鲁克,还有北方的部分地区,他死后乌尔废墟由他的继任者们接手并重建,伊辛的统治区域有时甚至可能远至尼尼微地区。但与此同时在拉尔萨崛起了一个新的独立城邦,距伊辛仅 70 公里左右,位于沼泽地的顶端,延伸到幼发拉底河下游东岸,波斯湾河口。

这个国家并非不可存在,但在伊辛王的绝对权威统治之下,他几乎不可能容忍其毗邻之处有如此敌国,于是这就产生了一个奇怪且难以解释的问题。有种解释认为这得益于沼泽地形的不易接近,后来这里成为"海国之王(kings of the Sea Lands)"统治的区域,而且海国几乎不承认其他政权,甚至是最强大的巴比伦统治者的控制他们也不承认。分散的居民点使得他们可以公然反抗任何政权,即使是曾经威震西岸城市的政权,他们也丝毫不惧。遭受陆上军队的攻击时,沼泽的边界便构筑了他们天然的战略基地,至于北方,他们可以通过河谷的贸易路线来与之保持联系。这一地理优势有很多值得称赞的地方,然而仍存在一些困难,虽然湿地可保护拉尔萨城免受侵略,但他们居住区的核心地带对于进攻者来说是开放的,而且地形显然更利于进攻者,不利于沼泽地居民,他们的防守变得艰难。然而伊辛看起来并没有尝试过对敌国首都拉尔萨发起过进攻,相反在伊什比-伊拉(Ishbi-Irra)统治时期双方还维持着友好的双边关系。埃兰的影响可能是这一局面形成的重要原因。因为乌尔第三王朝瓦解时,安善王与马里的伊什比-伊拉曾经达成过共识,而且对于南部的战争安善王也是一马当先。他自然希望能共享战利品,不仅是领土,还包括财物,然而并没有埃兰人直接控制并永久影响苏美尔的任何迹象。得出这样的结论应该不会过于草率,因为纳普拉努姆(Naplanum)——拉尔萨王朝的创建者是埃兰君主钦点的诸侯王。同样地,由于受到安善令人生畏的武装力量的支持,拉尔萨可能会免于受到伊辛的攻击,甚至在安善与伊什比-伊拉的联盟已经弱化之后也是如此。伊辛与拉尔萨两座城市之间的武装冲突直到拉尔萨公开反对埃兰,脱离埃兰的支持,仅依靠自身实力时才真正开始。

坦率地说,我们仍需承认苏美尔文化的威望和影响力,以至于马里征服者在获胜后,立刻就将其首都迁到了幼发拉底河中游的伊辛;而北部的亚摩利人深受苏美尔文化的浸淫,他们的当务之急是复原被入侵者荒废了的苏美尔城镇。在乌尔,吉米尔-伊利舒(Gimil-ilishu)、伊什麦-达干(Ishme-Dagan)和里皮特-伊什塔尔(Lipit-Ishtar)这些统治者的名字不断出现在被埃兰破坏的寺庙的砌砖上。吉米尔-伊利舒将埃兰征服者劫掠至安善的南纳神像带回了乌尔。伊什麦-达干通过恢复使用"苏美尔与阿卡德之王"这一名号恢复古老的传统,以及恩安纳吐姆(Enannatum),即伊什麦-达干之子,被任命为南纳的大祭司,而且在他就任期间重建了宁伽尔的伟大神庙,这一神庙正是乌尔第三王朝的伯尔辛首建的。乐观主义者可能会认为尽管统治权已经被闪米特人篡夺,但苏美尔人的复兴仍然存在一定的可能性。

　　在当时看来这一希望似乎是合理的,因为里皮特-伊什塔尔使暴力得以终结(具体细节不详),其王位由乌尔-宁努尔塔继承。不论其出身如何,但从乌尔-宁努尔塔的名字可以看出,他也具有苏美尔血统。他宣称自己对"天下四方"的统治权,事实上确实也控制了从尼普尔到海湾的西部三角洲地区:随着他权势的扩大几乎立即与拉尔萨展开敌对军事行动。拉尔萨的古恩古努(Gungunum)与伊辛保持着极好的关系,因此当恩安纳吐姆修建神庙时,他为古恩古努的生命献祭,对于皮特-伊什塔尔而言这种友情暗含着几近隶属关系,并且拉尔萨不可能欢迎苏美尔投机者登上伊辛的王座。古恩古努当时正置身战事,可能是一场镇压埃兰的叛乱,但以胜利结束后他立即进行了内部整顿,构筑要塞、城墙作为战争的初期准备设施,以抵抗新的敌人——伊辛。伊辛与拉尔萨的第一次武装冲突是由乌尔-埃努尔塔(Ur-Enurta)发起的,古恩古努在这场战役中牺牲,他的儿子阿比-撒尔(Abi-sare)继续作战,表面上看伊辛似乎是取胜了。记录这场战争的文献并没有保留下来,但是在伊辛的要塞乌尔城,也是苏美尔最重要的领地之一,乌尔-埃努尔塔及其继任者们的声名无不日渐衰弱,然而阿比-撒尔、苏姆-伊鲁(Sumu-ilum)及拉尔萨后继的国王们都有颂扬他们的纪念碑。这只能说明如果不是在古恩古努和里皮特-伊什塔尔时期的话,至少从阿比-撒尔时期起乌尔这座城市就已经从伊辛的手里转到了拉尔萨的手中,乌尔-埃努尔塔所使用的王号"乌尔和埃利都的捐助者"也只是一种夸大之辞。"苏美尔复兴"的尝试并没有对乌尔造成严重的影响,只不过是更换了统治者而已。不久又发生了另一次更替。埃兰不能容忍古恩古努通过与安善的战争赢得或维持的独立性,而且拉尔萨的统治者苏木伊鲁穆发动的一系列针对卡扎鲁(Kazallu)的战役,虽然最终并未扩张其领土范围,仍然加剧了这段怨恨的关系。在北方又崛起了一支新兴势力，西闪米特移民在巴比伦建立了一个独立的政权，通过一系列阴谋诡计和征服战争，他们成为南部君主们真正的威胁；与此同时，一场新的革命终结了苏美尔的伊辛王朝，但并没有改善其与拉尔萨的关系。拉尔萨统治者努尔-阿达德（Nur-Adad）成功地维持了 16 年的和平统治，但其子辛-伊迪纳（Sin-iddinam）却不得不面临与埃兰的战争，埃兰现在已经与伊辛结盟，在两任国王短暂的统治之后，我们发现一名埃兰人最终成为了拉尔萨的统治者。战役的具体细节不得而知，但埃兰的库杜尔-马布格（Kudur-Mabug），可能与伊辛和巴比伦结成同盟，入侵了拉尔萨，打败了仅在位一年的西利-阿达德（Silli-Adad），并将拉尔萨变成了由其子瓦拉德-辛（Warad-Sin）统治下的一个诸侯国。随着拉尔萨的臣服，紧接着归顺的是乌尔、埃利都、拉伽什和尼普尔几座城市，乌鲁克作为一个独立的王国也可能臣服于埃兰。事实上三角洲地区现在已经分裂成了三个城邦国家，拉尔萨，伊辛，巴比伦，与之相伴的是北部势力渐长的亚述。在这种情况下伊辛与巴比伦自然倾向于向彼此靠拢，伊辛与拉尔萨开始互相攻击，而且毫无疑问拉尔萨是二者之间更强大的一方。瓦拉德-辛的继任者里姆-辛，在数次与巴比伦和伊辛的盟军交战后，最终于他在位的第三十年攻陷了伊辛，为巴比伦尼亚的闪米特人与南部苏美尔之间的最后一战奠定了基础。

对于拉尔萨国王来说，作为外来者，很明显要对苏美尔人采取怀柔政策，以取得他们的支持共同对抗巴比伦。库杜尔-马布格着手增强乌尔城的防御工事：尽管他的政治中心在拉尔萨，但乌尔这座古老的皇城对他而言更值得关注，这是控制整个南部地区的关键一环。此外，控制了乌尔他就得以控制波斯湾的入海口区域，这也是当年乌尔纳姆的策略，正因为如此乌尔纳姆的河道才能为船只和海上贸易提供直接的沟通渠道，因此海运仍然是一个极具重要性的因素。此外乌尔庙塔有着坚实的围墙和高筑的平台，仍被视为城市的最终大本营。拉尔萨统治下一位早期国王曾用烧砖替代天然的未烧制泥砖来增强庙塔平台的防御。库杜尔-马布格在此基础上增建了一个箭塔和城门。他和他的继任者里姆辛对于神庙的建筑工事，不管是修建新神庙还是修复旧神庙，均毫不吝啬。

他们所修建的建筑大部分已经被毁,但是刻有铭文的锥形基座仍见证了他们的虔诚和热情。在这一方面埃兰征服者同样遵循了拉尔萨本地国王的传统。努尔-阿达德重建了南纳和尼伽尔的神庙埃努恩马赫(E-Nun-Makh),努尔-阿达德及其子辛-伊迪纳均修复过埃利都的庙塔,埃利都是埃阿神古老的崇拜中心,在乌尔,辛-伊迪纳及其后三位继任国王,包括早逝的西利-阿达德,都留下了他们建造神庙的记录。苏美尔人的宗教轻易地便为旧帝国的闪米特子民所接受,以至于其古老的圣地仍然是弥足珍贵的资产。对神庙的虔诚照料仍旧是有力的筹码,不仅有利于获得苏美尔民族主义者的支持,还能争取到广泛信徒的支持。此时虽然在与巴比伦的对抗中宗教武器确实有效,因为在此定居的西闪米特人正在推进当地闪米特神马尔杜克的主张且该神在自己的边界之外一直有少量的拥护者,但现在宗教武器必须承担起对所在的南部城市施加政治影响的显著功能。为了对抗这一新势力,南部可能集结传统的武装力量,而阿卡德人和苏美尔人便是其期望回应这一呼吁的人群。178

　　这可能就是为什么在苏美尔民族衰落的过程中,这一时期却成为最好的文学作品和历史创作诞生的原因。正是在拉尔萨王朝的统治之下,书吏们创作了一系列伟大的历史作品,其中最具代表性的精华便是苏美尔王表,新巴比伦时期的编年史则是对它的一种效仿。他们收集了记载征兆卜辞的书籍,不仅解释了动物肝脏上符号的含义,或者自然现象所隐含的征兆,而且还图文并茂地展示了前人所绘制的详解图。他们还编撰了神庙颂词集,将古老的包含宇宙起源、大洪水、英雄人物功绩等内容的传说故事以文字形式记录下来。此外他们还制订了官方的万神殿谱系。奇怪的是,辉煌的乌尔第三王朝事实上并没有留给我们任何这种类型的文学作品,书吏们的好古癖只在王朝衰落时期才被激发出来,但是通过他们辛勤的劳动,祖先们用刀剑取得的胜利才得以尘封至今。美索不达米亚说闪族语的种族,阿卡德人、亚摩利人、亚述人,他们在接受苏美尔文化的同时也接受了苏美尔人的宗教。苏美尔宗教现在简化为一个专制的体系,这一体系受到强烈的苏美尔爱国主义的影响,对任何异邦事物都不能宽容。闪米特人在道德上处于彻底179

的从属关系,以至于被征服且濒临灭绝的种族(苏美尔)那挑衅的傲慢声明却享有宗教上的权威。任何闪米特神祇不得进入官方万神殿,或在礼拜仪式中有所提及,即便在大众崇拜中可能占有一席之地。仪式的形式和涉及神的故事都根据纯正的苏美尔传统加以修订;这些宗教正典竭力将闪米特因素排除在外,但闪米特人将其转译成了自己的语言,两千年之后尼尼微的亚述人仍然未能脱离这些文化遗产的影响。

180 　　除此之外,苏美尔的历史学家们可能会以哀悼伊比辛败落的哀歌来结束他们的历史编撰任务。事实上,长久以来苏美尔人的垂死挣扎是有重要意义的,因为这给了他们时间以确保他们的名声得以永世不朽。一旦这一任务彻底完成,苏美尔便会迎来最终的灾难。在拉尔萨国王的统治下苏美尔人尽管失去了独立性,但受到欢迎和重用。里姆辛在征服伊辛之后成为整个南国之主,在对抗巴比伦第一王朝的西部闪族人方面他是苏美尔当之无愧的勇士,如果说他使用"乌尔王"的头衔与敌军对抗的话,可能是由于他希望由此唤起对乌尔纳姆、杜恩吉、伯尔辛的记忆,美化自己外来统治者的形象。但长期的两败俱伤使得南国积贫积弱,与此同时,在巴比伦出现了一位独特的领导人,与前任国王们相比他有着与众不同的才干,这个人便是汉谟拉比。汉谟拉比是在里姆辛战胜伊辛后不久即位的,他父亲领导下的盟军保卫战告败。巴比伦物质与名誉皆遭受惨重损失,这位新国王的首要问题便是要重新恢复国内秩序;六年后他从拉尔萨手中夺取了伊辛和乌鲁克,使得里

181 姆辛的胜利成果付之东流,重振了巴比伦的声威。自此后 25 年,汉谟拉比停留于此殊荣不再向前,而后,当里姆辛年迈之时(他在位的第 61 年),他又一次发起了进攻,击败埃兰军队,攻陷拉尔萨,最终主宰苏美尔。在乌尔的宁伽尔神庙中,这位巴比伦君主竖立了一块闪长岩石碑记录自己的功绩;但并没有提到任何对城市的武力攻击,遗址中也没有毁坏的痕迹;战争的胜利果实从一位外来君主手中转移到另一位手中,而乌尔显然已经冷漠地接受了这种转变。

　　此后又出现了一次独立的曙光,虽然这是不是苏美尔人的一厢情愿很难判断。25 年之后,汉谟拉比之子萨姆苏-伊鲁纳(Samsuiluna)在位的第 11 年,南部地区发起了一次叛乱。不到一年的时间,这场叛乱便被镇压了。萨姆苏-伊鲁纳在位的第 12 年年名如是记载:那一年"他将乌尔的城墙夷为平地"。考古发掘也显示在这一年乌尔神庙确实被洗劫,焚毁,而且整个城镇地区都惨遭毁灭。这证明巴比伦给予叛乱者以极重的惩罚。其他的苏美尔城市也遭遇了同样的命运,随着历史的推移争霸战争就此结束。从此,苏美尔再也没有出现在历史舞台上。而苏美尔语,虽然已不再作为日常语言使用,但在宗教文献中可能仍存在了很长一段时间,它学起来古怪又费力,必须借助字典才能有所理解,但苏美尔人这一种族已经消失了,被战争耗空,因衰变而元气大伤,湮没在吸收了他们智慧之树的更有力的种族之中。

182

第七章　苏美尔的自白书

　　三代人以前，苏美尔人还不为学术界所知，如今我们已经可以记述他们的历史了，其艺术作品相比很多古代民族也得到了更充分的展示说明。这是已经消亡了近 4000 年的种族的历史和艺术，在我们的时代开始之前他们的名字就已经被世人遗忘，可能会有人问及最近获得的研究成果究竟是否有价值，苏美尔人的艺术是否全都值得这一文学复兴。确实，新发现容易使我们的观点混乱，而且个人或国家可能会从一次偶然的发掘或器物的内在精美中去猜想它们在历史中起到何等分量的重要作用：人类活动的记录和手工作品，从来都不乏人们对其钻研的热情，但这些活动可能会把人引入死胡同，而这些手工作品又是孤立的艺术范例，顶多阐释了人类意识对特定刺激的反应。对于"价值"这一概念的确切标准应该是：这批人对人类进程究竟造成了多深远的影响？他们构成了现今世界仍在延续的哪一部分文化？正是基于这种标准，我们才评估出这段被拯救的失落文明的重要性。

　　乌尔发现的最早的墓葬，以及乌尔王陵和大量精美的随葬品，年代上按整数计算大约可以追溯至公元前 3500 年。这一时间无疑是相对模糊的，它是基于最保守的估计，因为乌尔第一王朝时间为公元前 3100 年，考虑到这些王室墓葬可能存在的时间，尽管从大量的人殉及他们的个人物品特征来看这里埋葬的墓主人们已经被神化了，但它们可能已经被遗忘且其遗址可能又被新的墓葬所侵扰。对于这一理论的争论，又应加入墓葬本身的演变这一因素，以及墓葬的结构、内容形式方面的发展，就算我们假设墓葬形式是从第一王朝开国时延续下来的风格，它们中最早的那座也一定几乎使用了近 400 年，没有比它更古老的了。

那么这就意味着，最早的乌尔墓群，比起古埃及的第一王朝或许还要更古老一些。埃及的年表存在着很大争议，对于美尼斯（Menes）统一两个史前王国的时间断代，学者们曾得出相当迥异的结论。目前最保守的观点，同时也是学术界的主要观点，可以将其追溯至约公元前 3300 年。但无论这种观点有没有被接受，事实是摆在那里的，即埃及的年代学和两河流域的年代学到目前为止是如此高度依存的，假如美尼斯的年代往前推，同一时期的苏美尔历史也会往前推，两国之间的相对关系也一定会保持不变。巴比伦的短年表（shorter chronology）是两国都承认的年表，但这些绝对日期只能证明一些不重要的论点，而真正的关键点在于二者之间的关系，即乌尔墓与美尼斯是同时期的还是早于美尼斯的。

为了解决这个问题，有三件事物必须拿出来作一番比较：乌尔墓中的随葬品，由弗林德斯·皮特里教授（Pro. Flinders Petrie）在阿比多斯（Abydos）发掘出的埃及第一王朝皇家陵墓中的随葬品，以及尼罗河河谷的前王朝文明中发现的象形文字字符。埃及的史前文明和苏美尔的史前文明没有任何相同之处。埃及的史前艺术和埃及第一王朝时期的艺术之间存在巨大差异，虽说这种差异不能完全悖于二者的联系性，但也足以划分一个时代。埃及的转变发生在前王朝即将结束之时，到美尼斯时代我们看到的，实际上是一种崭新的文化。这种迅速发展的转变，很早就被学者们意识到了，正是其奠定了我们现在所知的古埃及文明的基础。这种转变是来源于某些外来影响，而且我们长久以来就注意到，古埃及的发达文明在早期呈现出的某些特征也同样见于幼发拉底河河谷，比如说，滚筒印章、石制梨形权杖头、建筑中的镶嵌构造。这些特征在没有明显先例的情况下突然出现，随后又一同消失。相反，在美索不达米亚土地上，它们似乎是本地原生的，而且在历史长河中留存了下来。二者之间的相同特征，我们还可以举出更多，比如叉铃（sistrum）的使用，由于这种乐器太过特殊，以至于不可能有两个独立起源地。还有一些石制花瓶的样式，奇奇怪怪的动物图，以上这些来自埃及宗教的元素，其相似性似乎可以在苏美尔神话中找到源头。即使这些外来特征留下了一些疑点，比如到底是哪个国家借用哪个国家的，哪些又确实是源生性的，关于这些问题，若能判断出时间上的孰先孰后，则可能会起到决定性作用。古埃及人将他们历史的起源追溯至美尼斯时期，在他之前是黑暗混沌的洪荒时代及半神时代。现代考古学发现已经证实了他们所信奉的观点。对于苏美尔人来说，乌尔第一王朝始于另一个文明时代的终结，一个据估计持续了数千年的文明。虽然近年来的挖掘工作能将我们带回上古，但我们对神话时代的了解极为有限，但即使如此他们仍然大体上证实了苏美尔人起源论的观点。任何亲眼目睹过墓中内容，且早于美尼斯时期的古人，都不可能不知道他们属于一个即使没有真正衰亡也已经很古老的文明。此时的工艺水平早已跳出试验阶段，也没有任何新的处于试验阶段的产物；相反，艺术遵循着传统，传统长久以来固守成规，故在几百年间很难明确分辨出几百年间的器物属于哪个具体的年份。这里不得不提到一项技术——冶金术，这只能是经过数个世纪的学徒训练才可能产生的——埃及人在他们最繁荣的时代也从未生产出像早期苏美尔的镶嵌板斧与锛这类能与其技术水平相当的武器。还有陶轮，同样是在古王国时期才引进埃及的技术，却早已被苏美尔人使用了数个世纪。同时期的两河流域文明在文化水平上远远高于美尼斯时代的埃及，然而埃及的文明是新奇的，苏美尔的文明却是古老的。苏美尔人的文明，无论其最终起源是什么，都发展自本土文明，在其漫长的历史中，可以当之无愧地称之为当地独有的产物，然而埃及的文明却是受其他因素激发的，是依靠外来模式与外来者的激发才成其为可能。善于借鉴的特征与向高等文明靠拢的趋势，使得埃及前王朝时代结束之时受到影响的因素变得明了，不可能有其他来源——它直接或间接地来自南部两河流域。

在这段历史过程中，我们应当着眼于这样一个事实，即苏美尔的军队和商队不仅遍布底格里斯河与幼发拉底河河谷，同时在叙利亚也拥有牢固的据点，而且翻越陶鲁斯山脉渗透到亚细亚，所以从一开始这些发展迟缓的国家至少就披上了一层苏美尔文明的外衣。有文明随着创造他们的原始种族灭亡而消亡的情况，这在早期征服活动中也有出现，其影响短暂，但在苏美尔文明中并非如此。在美索不达米亚平原，苏美尔人的政权消亡这一史实对其文化产生的冲击力惊人的小。苏美尔古老的法律仅稍作修改便成为了巴比伦的法典；宗教也未受影响，尽管神灵们被冠以闪米特名字，但它们实际上仍是旧有的苏美尔神，没有闪米特神能获得官方的认可；苏美尔人的语言被遗忘了，但是它的文学作品仍被翻译以裨益闪米特读者；艺术作品也完好地保留了它们古老的传统，甚至公元前 8 世纪独立出现的亚述墙壁雕塑，也采用了与自身血统相悖的乌尔第三王朝和公元前四千纪的作品。整个巴比伦文明，在某种程度上与亚述文明几近一致，如他们自己的历史学家所言，都根植于异国他乡的历史之中。

　　贝罗索斯（Berossus）在公元前 4 或前世纪在他的著作中提到过一种半人半鱼的怪物种族，它们在俄安内（Oannes）的带领下跳出波斯湾，定居在苏美尔地区的海滨城镇里。这个种族引进了书写、农业等技术，以及金属的使用。"用一句话说"，贝罗索斯写道，"所有使生活得到改善的技术都被俄安内馈赠给了人类，自那时起就再无进一步的发明创造了。"

　　苏美尔天才们发展出了一个在创造者消失后又持续了近 15 个世纪的文明，而巴比伦和尼尼微都没能将这笔遗产继承下来；他们同时也是心怀帝国梦的种族，而且他们对西部地区的统治和融合使得早期苏美尔征服者们播撒下的帝国种子孕育成熟；小亚细亚的赫梯人采用了苏美尔人最伟大的发明之一——楔形文字；巴比伦语变成了叙利亚宫廷甚至埃及宫廷的外交官方用语。叙利亚和卡帕多西亚出土的滚筒印章无论在形状上还是风格上都取自美索不达米亚；卡尔凯美什的雕刻艺术通过叙利亚可以追踪到他们的血统源起于苏美尔；腓尼基人不拘一格的艺术，迄今所知也是依东方模式刻画出来的，同样是间接地从苏美尔艺术借鉴而来，成为其旁支之一。但这并不意味着这些国家是对一种文明的机械复制，实际上苏美尔文明已经逝去，早已脱离了他们的视野范围。他们每个文明的艺术风格都按照常规的方式发展着，多多少少体现了各自民族性的独特印记。但是每个文明又都受到了苏美尔传统的深刻影响，在下游河谷那片万物生发的地方尤为强烈、自然，而在更像是附属地而非核心地区的外围行省中，这种影响更加微妙。通过这些后起的近东民族，苏美尔文明也影响了整个现代世界的物质文明。

189

190

这种表述难以通过具体的例子构建,部分原因是由于我们很少能知道如此长的历史链条中的所有环节,如果有过的话也不是很多;其次是因为艺术并不是静止的,从创始源头而来的灵感也会发生改变和质变,因此艺术作品的初貌和最终表现形式也许会看似没有任何共同点。但是从艺术作品中受益的一个普通实例也许能说明广泛的事实。建筑学上的拱门技术在亚历山大征服活动之前并不为欧洲人所知。当希腊建筑师急切地关注这个问题之时,拱门对于他们来说是新奇的造型,希腊人以及后来的罗马人将这一建筑学上与众不同的元素引进了西方世界。而当时拱门技术已是巴比伦建筑中再寻常不过的事物——尼布甲尼撒在公元前 600 年重建巴比伦城时大量地使用了拱门技术;在乌尔一座约公元前 1400 年的巴比伦国王库里加祖(Kuri-Galzu)的神庙中仍然屹立着一道拱门;公元前 2000 年位于乌尔的苏美尔私人住宅,其门道上的拱顶是用砖块镶嵌的真拱造型;尼普尔的拱形排水道也必须追溯至约公元前 3000 年;乌尔王陵中的真拱顶则将这一建筑原理知识再向前推了四五百年。因此从苏美尔历史开端到现代世界,拱门是一条明显的传承脉络。不仅拱门是如此,圆形穹顶和过道拱顶亦是如此。在这项技术上,苏美尔建立的标准一直以来都未曾变过,只有形式上的微小变化而已。相对艺术设计而言这种变迁更容易被追寻:苏美尔人在造型艺术上对后人的影响也许是真实的,但这种影响是润物无声的。在抽象的思想领域范围内,苏美尔人经由希伯来人对西方文明的发展做出了最明显最直接的贡献。不仅闪米特人采用了现成的故事如创世记和大洪水,基督教也深受影响,这些故事被视作真实历史或传说被基督教所吸纳,其影响力甚至胜过犹太教堂。犹太教的起源有不少要归功于苏美尔人,犹太人在"巴比伦之囚"期间亲密接触了巴比伦的礼拜仪式,而这些仪式又是取自苏美尔的,通过苏美尔的某些箴言及部分与之对立的观点,犹太教才获得了更快的成长。摩西律法很大程度上也是基于苏美尔法典形成的,同样的法典被镌刻在著名的汉谟拉比法典的结尾。正是从苏美尔人那里,犹太人得出了社会生活的理想和正义,也使他们得以认知其历史,这种理想与正义对于基督民族而言,即使不能在自身实际行动中践行这些准则,但也在理论尚

两尊乌尔第三王朝时期的石雕头像，来自大英博物馆和费城宾夕法尼亚大学博物馆（一尊由黑色闪长岩岩石刻成，另一尊由白色大理石刻成，双眼镶嵌有青金石和贝壳）

为他们所认可。对于刚从遗忘深渊中被拯救出来的苏美尔而言，现在最大的难题不在于认知真相，而在于评估苏美尔人的重要性，这是我们现代人亏欠苏美尔人的。如果仅依靠其成就来评判人类的努力程度的话，那么考虑到苏美尔人当时所处的年代和恶劣环境，必须给予他们即便不是最卓越也应当十分崇高的地位。如果按它对人类历史的影响来评价的话，他们应该得到更高的地位。苏美尔文明照亮了一个停滞在原始野蛮中的世界，具有拓荒之功。曾经有这样一个时期，（人们的知识还停留在）所有的艺术都源自希腊且希腊被认作是起源之时，比如雅典娜，完全从奥林匹亚宙斯的头脑中生长出来，而现在我们已经跨越了这一阶段。我们现在知道了天赋之花是如何从吕底亚人和赫梯人，从腓尼基人和克里特人，从巴比伦人和埃及人中间汲取养分的。然而其根基却回溯至更远：所有的文明身后都是为其奠基的苏美尔文明。苏美尔人的军事征服，他们高度发达的艺术和手工业，他们的社会组织以及他们的精神乃至宗教，都不是孤立的现象，也不是考古奇闻。这是我们物质文化遗产的一部分，他们值得我们研究，至于苏美尔人自身，他们赢得了我们的敬重，是我们永远崇敬的精神祖先。

舒卜阿德王后墓葬出土的贝壳饰板，大英博物馆

索　引

上海三联人文经典书库

已出书目

1. 《世界文化史》(上、下) 〔美〕林恩·桑戴克 著 陈廷璠 译

2. 《希腊帝国主义》 〔美〕威廉·弗格森 著 晏绍祥 译

3. 《古代埃及宗教》 〔美〕亨利·富兰克弗特 著 郭子林 李凤伟 译

4. 《进步的观念》 〔英〕约翰·伯瑞 著 范祥涛 译

5. 《文明的冲突:战争与欧洲国家体制的形成》 〔美〕维克多·李·伯克 著 王晋新 译

6. 《君士坦丁大帝时代》 〔瑞士〕雅各布·布克哈特 著 宋立宏 熊莹 卢彦名 译

7. 《语言与心智》 〔俄〕科列索夫 著 杨明天 译

8. 《修昔底德:神话与历史之间》 〔英〕弗朗西斯·康福德 著 孙艳萍 译

9. 《舍勒的心灵》 〔美〕曼弗雷德·弗林斯 著 张志平 张任之 译

10. 《诺斯替宗教:异乡神的信息与基督教的开端》 〔美〕汉斯·约纳斯 著 张新樟 译

11. 《来临中的上帝:基督教的终末论》 〔德〕于尔根·莫尔特曼 著 曾念粤 译

12. 《基督教神学原理》 〔英〕约翰·麦奎利 著 何光沪 译

13. 《亚洲问题及其对国际政治的影响》 〔美〕阿尔弗雷德·马汉 著 范祥涛 译

14. 《王权与神祇:作为自然与社会结合体的古代近东宗教研究》

（上、下）　［美]亨利·富兰克弗特　著　郭子林　李　岩
　　　李凤伟　译

33.《追寻人类的过去》 [美]路易斯·宾福德 著 陈胜前 译

34.《古代哲学史》 [德]文德尔班 著 詹文杰 译

35.《自由精神哲学》 [俄]尼古拉·别尔嘉耶夫 著 石衡潭 译

36.《波斯帝国史》 [美]A. T.奥姆斯特德 著 李铁匠等 译

37.《战争的技艺》 [意]尼科洛·马基雅维里 著 崔树义 译 冯克利 校

38.《民族主义:走向现代的五条道路》 [美]里亚·格林菲尔德 著 王春华等 译 刘北成 校

39.《性格与文化:论东方与西方》 [美]欧文·白璧德 著 孙宜学 译

40.《骑士制度》 [英]埃德加·普雷斯蒂奇 编 林中泽 等译

41.《光荣属于希腊》 [英]J. C.斯托巴特 著 史国荣 译

42.《伟大属于罗马》 [英]J. C.斯托巴特 著 王三义 译

43.《图像学研究》 [美]欧文·潘诺夫斯基 著 戚印平 范景中 译

44.《霍布斯与共和主义自由》 [英]昆廷·斯金纳 著 管可秾 译

45.《爱之道与爱之力:道德转变的类型、因素与技术》 [美]皮蒂里姆·A.索罗金 著 陈雪飞 译

46.《法国革命的思想起源》 [法]达尼埃尔·莫尔内 著 黄艳红 译

47.《穆罕默德和查理曼》 [比]亨利·皮朗 著 王晋新 译

48.《16世纪的不信教问题:拉伯雷的宗教》 [法]吕西安·费弗尔 著 赖国栋 译

49.《大地与人类演进:地理学视野下的史学引论》 [法]吕西安·费弗尔 著 高福进 等译 [即出]

50.《法国文艺复兴时期的生活》 [法]吕西安·费弗尔 著 施诚 译

51.《希腊化文明与犹太人》 [以]维克多·切利科夫 著 石敏敏 译

52.《古代东方的艺术与建筑》 [美]亨利·富兰克弗特 著 郝

海迪　袁指挥　译

53.《欧洲的宗教与虔诚：1215—1515》　［英］罗伯特·诺布尔·
斯旺森　著　龙秀清　张日元　译

54.《中世纪的思维：思想情感发展史》　［美］亨利·奥斯本·泰
勒　著　赵立行　周光发　译

55.《论成为人：神学人类学专论》　［美］雷·S. 安德森　著　叶
汀　译

56.《自律的发明：近代道德哲学史》　［美］J. B. 施尼温德　著
张志平　译

57.《城市人：环境及其影响》　［美］爱德华·克鲁帕特　著　陆
伟芳　译

58.《历史与信仰：个人的探询》　［英］科林·布朗　著　查常平　译

59.《以色列的先知及其历史地位》　［英］威廉·史密斯　著　孙
增霖　译

60.《欧洲民族思想变迁：一部文化史》　［荷］叶普·列尔森普
著　周明圣　骆海辉　译

61.《有限性的悲剧：狄尔泰的生命释义学》　［荷］约斯·德·穆
尔　著　吕和应　译

62.《希腊史》　［古希腊］色诺芬　著　徐松岩　译注

63.《罗马经济史》　［美］腾尼·弗兰克　著　王桂玲　杨金龙
译

64.《修辞学与文学讲义》　［英］亚当·斯密　著　朱卫红　译

65.《从宗教到哲学：西方思想起源研究》　［英］康福德　著　曾
琼　王涛　译

66.《中世纪的人们》　［英］艾琳·帕瓦　著　苏圣捷　译

67.《世界戏剧史》　［美］G. 布罗凯特　J. 希尔蒂　著　周靖波　译

68.《20 世纪文化百科词典》　［俄］瓦季姆·鲁德涅夫　著　杨明
天　陈瑞静　译

69.《英语文学与圣经传统大词典》　［美］戴维·莱尔·杰弗里
（谢大卫）主编　刘光耀　章智源等　译

70.《刘松龄——旧耶稣会在京最后一位伟大的天文学家》　［美］
斯坦尼斯拉夫·叶茨尼克　著　周萍萍　译

71.《地理学》 [古希腊]斯特拉博 著 李铁匠 译

72.《马丁·路德的时运》 [法]吕西安·费弗尔 著 王永环
肖华峰 译

73.《希腊化文明》 [英]威廉·塔恩 著 陈 恒 倪华强 李
月 译

74.《优西比乌:生平、作品及声誉》 [美]麦克吉佛特 著 林中
泽 龚伟英 译

75.《马可·波罗与世界的发现》 [英]约翰·拉纳 著 姬庆
红 译

76.《犹太人与现代资本主义》 [德]维尔纳·桑巴特 著 艾仁
贵 译

77.《早期基督教与希腊教化》 [德]瓦纳尔·耶格尔 著 吴晓
群 译

78.《希腊艺术史》 [美]F·B·塔贝尔 著 殷亚平 译

79.《比较文明研究的理论方法与个案》 [日]伊东俊太郎 梅棹
忠夫 江上波夫 著 周颂伦 李小白 吴 玲 译

80.《古典学术史:从公元前 6 世纪到中古末期》 [英]约翰·埃
德温·桑兹 著 赫海迪 译

81.《本笃会规评注》 [奥]米歇尔·普契卡 评注 杜海龙 译

82.《伯里克利:伟人考验下的雅典民主》 [法] 樊尚·阿祖莱
著 方颂华 译

83.《旧世界的相遇:近代之前的跨文化联系与交流》 [美] 杰
里·H.本特利 著 李大伟 陈冠堃 译 施诚 校

84.《词与物:人文科学的考古学》修订译本 [法]米歇尔·福柯
著 莫伟民 译

85.《古希腊历史学家》 [英]约翰·伯里 著 张继华 译

86.《自我与历史的戏剧》 [美]莱因霍尔德·尼布尔 著 方
永 译

87.《马基雅维里与文艺复兴》 [意]费代里科·沙博 著 陈玉
聃 译

88.《追寻事实:历史解释的艺术》 [美]詹姆士 W.戴维森 著
[美]马克 H. 利特尔著 刘子奎 译

89. 《法西斯主义大众心理学》 〔奥〕威尔海姆·赖希 著 张峰 译

90. 《视觉艺术的历史语法》 〔奥〕阿洛瓦·里格尔 著 刘景联 译

91. 《基督教伦理学导论》 〔德〕弗里德里希·施莱尔马赫 著 刘平 译

92. 《九章集》 〔古罗马〕普罗提诺 著 应明 崔峰 译

93. 《文艺复兴时期的历史意识》 〔英〕彼得·伯克 著 杨贤宗 高细媛 译

94. 《启蒙与绝望：一部社会理论史》 〔英〕杰弗里·霍松 著 潘建雷 王旭辉 向辉 译

95. 《曼多马著作集：芬兰学派马丁·路德新诠释》 〔芬兰〕曼多马 著 黄保罗 译

96. 《拜占庭的成就：公元330～1453年之历史回顾》 〔英〕罗伯特·拜伦 著 周书垚 译

97. 《自然史》 〔古罗马〕普林尼 著 李铁匠 译

98. 《欧洲文艺复兴的人文主义和文化》 〔美〕查尔斯·G.纳尔特 著 黄毅翔 译

99. 《阿莱科休斯传》 〔古罗马〕安娜·科穆宁娜 著 李秀玲 译

100. 《论人、风俗、舆论和时代的特征》 〔英〕夏夫兹博里 著 董志刚 译

101. 《中世纪和文艺复兴研究》 〔美〕T.E.蒙森 著 陈志坚 等译

102. 《历史认识的时空》 〔日〕佐藤正幸 著 郭海良 译

103. 《英格兰的意大利文艺复兴》 〔美〕刘易斯·爱因斯坦 著 朱晶进 译

104. 《俄罗斯诗人布罗茨基》 〔俄罗斯〕弗拉基米尔·格里高利耶维奇·邦达连科 著 杨明天 李卓君 译

105. 《巫术的历史》 〔英〕蒙塔古·萨默斯 著 陆启宏 等译 陆启宏 校

106. 《希腊-罗马典制》 〔匈牙利〕埃米尔·赖希 著 曹明 苏婉儿 译

107.《十九世纪德国史(第一卷):帝国的覆灭》 ［英］海因里希·
    冯·特赖奇克　著　李　娟　译
108.《通史》 ［古希腊］波利比乌斯　著　杨之涵　译

欢迎广大读者垂询,垂询电话:021—22895540

图书在版编目(CIP)数据

苏美尔人/(英)伦纳德·伍雷著;王献华,魏桢力译.—上海:上海三联书店,2022.7 重印
ISBN 978-7-5426-6823-3

Ⅰ.①苏… Ⅱ.①伦…②王…③魏… Ⅲ.①苏美尔-历史 Ⅳ.①K124

中国版本图书馆 CIP 数据核字(2019)第 301670 号

苏美尔人

著　　者 / 〔英〕伦纳德·伍雷
译　　者 / 王献华　魏桢力

责任编辑 / 殷亚平
特约编辑 / 杨　洁
装帧设计 / 徐　徐
监　　制 / 姚　军
责任校对 / 张大伟　王凌霄

出版发行 / 上海三联书店
　　　　　(200030)中国上海市漕溪北路 331 号 A 座 6 楼
邮　　箱 / sdxsanlian@sina.com
邮购电话 / 021-22895540
印　　刷 / 上海展强印刷有限公司

版　　次 / 2021 年 1 月第 1 版
印　　次 / 2022 年 7 月第 2 次印刷
开　　本 / 640mm×960mm　1/16
字　　数 / 180 千字
印　　张 / 9.25
书　　号 / ISBN 978-7-5426-6823-3/K·566
定　　价 / 48.00 元

敬启读者,如发现本书有印装质量问题,请与印刷厂联系 021-66366565